金融科技概论

JINRONG KEJI GAILUN

林 川 翟浩淼 / 主 编
于 洁 张 云 郑雨乔 / 副主编

重庆大学出版社

内容提要

进入 21 世纪,通信技术、互联网、大数据、云计算、区块链、人工智能等现代科技的快速发展,推动了金融实践的创新。《金融科技概论》是为适应金融科技专业建设和人才培养需要而编写,共包括三篇七章内容,突出了学科基础的理论性、专业学习的匹配性、教学实践的实用性。通过搭建金融科技理论与基本知识框架,可使学生掌握金融科技发展规律,理解经济与科技交叉融合出现的金融科技相关理论,并丰富和发展传统的经济学理论。

图书在版编目(CIP)数据

金融科技概论 / 林川,翟浩淼主编. -- 重庆:重庆大学出版社,2023.8
(四川外国语大学新文科建设系列丛书)
ISBN 978-7-5689- 4218-8

Ⅰ.①金… Ⅱ.①林…②翟… Ⅲ.①金融—科学技术—高等学校—教材 Ⅳ.①F830

中国国家版本馆 CIP 数据核字(2023)第 234191 号

金融科技概论

主 编 林 川 翟浩淼
副主编 于 洁 张 云 郑雨乔
策划编辑:鲁 黎

责任编辑:陈 力 版式设计:鲁 黎
责任校对:谢 芳 责任印制:张 策

*

重庆大学出版社出版发行
出版人:陈晓阳
社址:重庆市沙坪坝区大学城西路 21 号
邮编:401331
电话:(023) 88617190 88617185(中小学)
传真:(023) 88617186 88617166
网址:http://www.cqup.com.cn
邮箱:fxk@ cqup.com.cn(营销中心)
全国新华书店经销
重庆升光电力印务有限公司印刷

*

开本:720mm×1020mm 1/16 印张:14.75 字数:212 千
2023 年 8 月第 1 版 2023 年 8 月第 1 次印刷
ISBN 978-7-5689- 4218- 8 定价:45.00 元

交叉融合，创新发展

——四川外国语大学新文科建设系列丛书总序

四川外国语大学校长　董洪川

四川外国语大学，简称"川外"（英文名为 Sichuan International Studies University，缩写为 SISU），位于歌乐山麓、嘉陵江畔，是我国设立的首批外语专业院校之一。古朴、幽深的歌乐山和清澈、灵动的嘉陵江涵养了川外独特的品格。学校在邓小平、刘伯承、贺龙等老一辈无产阶级革命家的关怀和指导下创建，从最初的中国人民解放军西南军政大学俄文训练团，到中国人民解放军第二高级步兵学校俄文大队，到西南人民革命大学俄文系、西南俄文专科学校，再到四川外语学院，至 2013 年更名为四川外国语大学。学校从 1979 年开始招收硕士研究生，2013 年被国务院学位委员会批准为博士学位授予单位，2019 年经人社部批准设置外国语言文学博士后科研流动站。学校在办学历程中秉承"团结、勤奋、严谨、求实"的优良校风，弘扬"海纳百川，学贯中外"的校训精神，形成了"国际导向、外语共核、多元发展"的办学特色，探索出一条"内涵发展，质量为先，中外合作，分类培养"的办学路径，精耕细作，砥砺前行，培养了一大批外语专业人才和复合型人才。他们活跃在各条战线，为我国的外交事务、国际商贸、教学科研等各项建设作出了应有的贡献。

经过七十三年的发展，学校现已发展成为一所以外国语言文学学科为主，文学、经济学、管理学、法学、教育学、艺术学、哲学等协调发展的多科型外国语大学，具备了博士研究生教育、硕士研究生教育、本科教育、留学生教育等多形式、多层次的完备办学体系，主办了《外国语文》《英语研究》等有较高声誉的学术期刊。学校已成为西南地区外语和涉外人才培养以及外国语言文化、对外经济贸易、国际问题研究的重要基地。

进入新时代,"一带一路"倡议、"构建人类命运共同体"和"中华文化'走出去'"等国家战略赋予了外国语大学新使命、新要求和新任务。随着"六卓越一拔尖"计划 2.0(指卓越工程师、卓越医生、卓越农林人才、卓越教师、卓越法治人才、卓越新闻传播人才教育培养计划 2.0 和基础学科拔尖学生培养计划 2.0)和"双万"计划(指实施一流专业建设,建设一万个国家级一流本科专业点和一万个省级一流本科专业点)的实施,"新工科、新农科、新医科、新文科"建设(简称"四新"建设)成为国家高等教育的发展战略。2021 年,教育部发布《新文科研究与改革实践项目指南》,设置了 6 个选题领域、22 个选题方向,全面推进新文科建设研究和实践,着力构建具有世界水平、中国特色的文科人才培养体系。为全面贯彻教育部等部委系列文件精神和全国新文科建设工作会议精神,加快文科教育创新发展,构建以育人育才为中心的文科发展新格局,重庆市率先在全国设立了"高水平新文科建设高校"项目。而四川外国语大学有幸成为重庆市首批"高水平新文科建设高校"项目三个入选高校之一。这就历史性地赋予了我校探索新文科建设的责任与使命。

2020 年 11 月 3 日,全国有关高校和专家齐聚中华文化重要发祥地山东,共商新时代文科教育发展大计,共话新时代文科人才培养,共同发布《新文科建设宣言》。这里,我想引用该宣言公示的五条共识来说明新文科建设的重要意义。一是提升综合国力需要新文科。哲学社会科学发展水平反映着一个民族的思维能力、精神品格和文明素质,关系到社会的繁荣与和谐。二是坚定文化自信需要新文科。新时代,把握中华民族伟大复兴的战略全局,提升国家文化软实力,促进文化大繁荣,增强国家综合国力,新文科建设责无旁贷。为中华民族伟大复兴注入强大的精神动力,新文科建设大有可为。三是培养时代新人需要新文科。面对世界百年未有之大变局,要在大国博弈竞争中赢得优势与主动,实现中华民族复兴大业,关键在人。为党育人、为国育才是高校的职责所系。四是建设高等教育强国需要新文科。高等教育是兴国强国的"战略重器",服务国家经济社会高质量发展,根本上要求高等教育率先实现创新发展。文科占学科门类的三分之二,文科教育的振兴关乎高等教育的振兴,做强文科教育推动高教强国建设,加快实现教育现代化,新文科建设刻不容缓。五是文科教育融合发展需要新文科。新科技和产业革命浪潮奔腾而至,社会问题日益综合化复杂化,应对新变化、解决复杂问题亟须跨学科专业的知识整合,推动融合发展是新文科建设的必然选择。进一步打破学科专业壁垒,推动文科专业之间深度融通、文科与理工农医交叉融合,融入现代信息技术赋能文科教育,实现自我的革故鼎新,新文科建设势在必行。

新文科建设是文科的创新发展,目的是培养能适应新时代需要、能承担新时代历史使命的文科新人。川外作为重庆市首批"高水平新文科建设高校"项目三个入选高校之一,需要立足"两个一百年"奋斗目标的历史交汇点,准确把握新时代发展大势、高等教育发展大势和人才培养大势,超前识变,积极应变,主动求变,以新文科理念为指引,谋划新战略,探索新路径,深入思考学校发展的战略定位、模式创新和条件保障,构建外国语大学创新发展新格局,努力培养一大批信仰坚定、外语综合能力强,具有中国情怀、国际视野和国际治理能力的高素质复合型国际化人才。

基于上述认识,我们启动了"四川外国语大学新文科建设系列"丛书编写计划。这套丛书将收录文史哲、经管法、教育学和艺术学等多个学科专业领域的教材,以新文科理念为指导,严格筛选程序,严把质量关。在选择出版书目的标准把握上,我们既注重能体现新文科的学科交叉融合精神的学术研究成果,又注重能反映新文科背景下外语专业院校特色人才培养的教材研发成果。我们希望通过丛书出版,积极推进学校新文科建设,积极提升学校学科内涵建设,同时也为学界同仁提供一个相互学习、沟通交流的平台。

新文科教育教学改革是中国高等教育现代化的重要内容,是一项系统复杂的工作。客观地讲,这个系列目前还只是一个阶段性的成果。尽管作者们已尽心尽力,但成果转化的空间还很大。提出的一些路径和结论是否完全可靠,还需要时间和实践验证。但无论如何,这是一个良好的开始,我相信以后我们会做得越来越好。

　　新文科建设系列丛书的出版计划得到学校师生的积极响应,也得到了出版社领导的大力支持。在此,我谨向他们表示衷心的感谢和崇高的敬意! 当然,由于时间仓促,也囿于我们自身的学识和水平,书中肯定还有诸多不足之处,恳请方家批评指正。

2023 年 5 月 30 日

写于歌乐山下

前 言

进入 21 世纪,以通信技术、互联网、大数据、云计算、区块链、人工智能等技术为核心的新一轮科技革命潮流已至,这些技术在金融领域的应用日益广泛,在未来有望重塑金融业模式和掌握金融领域流程的核心技术,推动金融实践的创新。无论是中国式的互联网金融,还是西方国家科技含量较高的金融科技,都是建立在这些技术之上的。金融是经济的核心,也是实现资源合理优化配置、实体经济发展的重要保障。而科技是第一生产力,通过创新可以提高生产效率,加速社会发展。金融与科技的相互作用、不断融合,形成了金融科技的范畴。本教材是为了适应金融科技专业建设和人才培养的需要而编写。

一、本教材的编写意义

从理论方面来看,本教材从教材的视角对新文科建设作出了创新性探索。不同于以往的金融科技教材,本教材的编写既重视理论又重视实践,既重视知识传播又注重价值引领。本教材拟建立起金融科技的理论与基本知识体系框架,使学生掌握金融科技发展规律,理解经济与科技交叉融合而产生的金融科技相关理论,进而有助于经济学理论的完善和发展,丰富和发展传统的经济学理论。

从实践方面来看,随着“技术引领”日趋成为金融发展的新特征,金融科技人才培养愈发重要。学科交叉发展是未来金融学科的方向,金融与科技不断融合是大势所趋。金融服务与产品数字化、货币虚拟化、金融机构技术化、金融监管科技化是未来金融业的主要特征。金融人才应该具备复合化的专业知识体系,拥有金融管理、现代技术应用能力。该教材的编写有助于实现高素质复合型、应用型国际化人才的培养目标。

二、本教材与以往教材的区别

第一,从学科归属角度看,金融科技专业是金融类本科下设置的新专业,授予的是经济学学位,作为专业核心课程,其学理基础是现代经济学,研究的是金融资源的配置问题,要归在经济学的学科架构中。

第二,从研究内容看,金融科技作为理论研究范畴与实践拓展领域,其基本内涵是"技术驱动的金融创新"。金融科技的本质是金融创新,在现代技术发展基础上出现的货币形式变化、金融组织和金融市场变化、金融服务模式的创新等,都是金融科技的研究内容。金融科技并不在于技术本身,而是技术与金融服务的融合,由此形成相应的学科体系。

第三,从实践的角度看,金融科技更多地体现在互联网银行、智能银行或智慧金融服务方面,也表现为智能投资顾问、程序化交易、现代化的支付结算与汇兑体系,是技术在金融领域的应用创新,本教材在原理篇的每章内容中加入了相应的案例内容,突出了金融科技专业人才培养立足于金融实践需要的特点。

三、本教材的编写及团队分工

《金融科技概论》突出了学科基础的理论性、学生专业学习的匹配性、教学实践的实用性,共包括三篇七章内容。第一篇为基础篇,包含第一章"概述",本篇主要从历史的视角,梳理科技驱动金融发展变化的规律,归纳科技带来的金融创新,以及具有代表性的金融科技形态和服务产品,可以帮助学生树立起金融科技发展的全景观念,对金融科技有一个客观全面的认识。第二篇是原理篇,包括第二章的"区块链",第三章的"大数据",第四章的"人工智能",第五章的"云计算"。本篇主要为学科交叉原理内容,重点讲述金融科技的技术应用原理,结合技术在金融领域的应用来介绍相关交叉学科的理论知识,突出了这些计数原理与金融应用的契合性,特别是在信任解决、共识达成、激励机制、信息搜寻、交易匹配等方面的技术效能。第三篇是管理篇,包括第六章的"金融科技风险与监管",第七章的"金融科技未来发展探索"。本篇从宏观管理者的视角,立足中央银行、金融监管部门的理论与实践基础,讲解金融科技本身的风险管理、金融科技监管法律问题和监管科技目标与技术问题。本篇可使学生拓展金融科技的宏观应用能力与管理视野,掌握金融科技未来的宏观调控与监管政策变化,以及相应的理论发展。

本教材由林川、翟浩淼主编,于洁、张云、郑雨乔担任副主编。全书由林川教授设计总体框架,各章节编写分工如下:林川、于洁编写第一章和第四章,张云编写第二章和第三章,郑雨乔编写第五章和第六章,翟浩淼编写第七章。林川、翟浩淼对全书进行了修改和审定。尽管编写组努力提高本教材的编写质量,但由于水平有限,教材中难免存在疏漏之处,需要在使用过程中不断改进与更新,欢迎读者批评指正,编写组一定会不断完善。

林　川

2023 年 2 月 26 日

目 录

基础篇

第一章　概述

原理篇

第二章　区块链

第五章　云计算

管理篇

第六章 金融科技风险与监管

第七章 金融科技的未来发展探索

基础篇

JICHU PIAN

第一章

概　述

第一节　金融科技的概念

一、金融科技的定义

金融科技（Financial Technology，Fintech），可以简单理解为金融（Finance）加科技（Technology）。从广义上看，金融科技既包括非金融机构的科技企业所涉足的金融业务，也包括金融机构通过新兴信息技术开展的业务；从狭义上看，金融科技是指科技企业依托于云计算、大数据、电商平台和搜索引擎等互联网工具而产生的一种新兴金融模式，具有融资、支付和交易中介等功能。

金融稳定理事会（FSB）于2016年3月首次发布了关于金融科技的专题报告——《金融科技的全景描述与分析框架报告》，对"金融科技"进行了初步定义，金融科技是指技术带来的金融创新，它能创造新的业务模式、应用、流程与产品，从而对金融市场、金融机构或金融服务的提供方式形成重大影响。目前该定义已成为全球共识。

金融科技的内涵侧重于通过科技手段推动金融创新，更加强调科技的驱动性，同时依据金融创新程度，判断科技推动的效果。在外延上，金融科技既包括前端产业也包含后台技术。具体有以下三方面含义：

①当金融科技指前端产业时，其实质含义是指大数据、云计算、人工智能、区块链等新兴信息技术在金融活动中的应用，包括在金融模式、金融产品与金融服务中的应用。

②当金融科技指后台技术时，则是指大数据、人工智能等新兴信息技术本身，其实质含义是科技，是金融业务中所使用的新技术。

③当金融科技指技术带来的金融创新载体时，其一，它所指的是金融科技企业，金融科技企业指本身不提供金融服务，却能为金融机构提供技术服务；其

二,它所指的是采用新技术进行金融业务创新的持牌金融机构;其三,它所指的是金融科技企业与持牌金融机构的合作联盟,也包括发端于科技企业,并利用科技力量进军传统金融市场的新入行竞争者。

为了厘清金融科技的概念,还需要辨析金融科技与科技金融、互联网金融的联系和区别,以及其与实体经济的关系。

第一,金融科技并非科技金融,二者不是相同的概念。

如前所述,金融科技既可指金融,又可指技术,还可指其行为主体,具体含义要视特定语境而定。一般情况下主要是指一个技术为金融赋能的概念;而科技金融是一个在我国国家政策以及制度层面的特定概念,指的是金融支持科技产业、科技企业、科技事业的发展,也由此衍生出科技保险、科技信贷、科技信托等约定俗成的国家政策层面概念。因此,金融科技通过科技创新提升金融行业服务实体经济、服务人民生活的效率和质量;而科技金融致力于通过金融产品的研发,满足科技型企业和创新创业主体的金融服务需求。金融科技与科技金融的主要区别见表1-1。

表 1-1　金融科技与科技金融的主要区别

概念	核心要义	实现方式	典型产品与应用
金融科技	通过科技创新服务金融行业,本质是"科技"	人工智能等前沿技术在金融行业的应用,提升金融整体效率和服务实体经济的能力	大数据征信、智能投顾、移动支付、区块链 ABS
科技金融	通过金融创新服务科技行业,本质是"金融"	研发和提供适合科技型企业的金融创新产品,满足科技创新创业的金融服务需求	投贷联动、科技保险、知识产权融资、科技众筹

第二,金融科技与国内的互联网金融概念既有联系,又有明显区别。前者是指金融的科技化,后者是指金融的互联网渠道化。二者之间的关系不宜混淆,也不宜以互联网金融的讨论来替代金融科技。

互联网金融主要是利用互联网把金融业务从线下搬到线上,属于业务渠道创新,通过互联网,可以拓展金融机构接触和服务客户的渠道和方式,为客户提供更及时、更方便的服务;而金融科技的核心是科技,更强调新技术对金融业务的辅助、支持和优化作用,重点在于技术变革,使用大数据、人工智能、区块链等技术,去为金融机构服务。与互联网金融相比,金融科技的外延有所扩展,并且金融科技的准入门槛更高,更强调有效监管和风险防控。具体来说,金融科技在技术手段上实现了突破,以大数据、云计算、人工智能、区块链、物联网等技术引领创新;在业务范畴上实现了拓展,不再局限于借贷与支付领域,还向大数据征信、智能投顾、区块链保险、监管科技等金融业务和监管领域渗透;在服务人群上实现了延伸,除了"长尾人群"外,金融科技还能更好地服务实体经济的重点领域和薄弱环节,如智能制造、消费升级、"双创"主体、小微企业等。

互联网金融可视为金融科技的早期业态。我国"互联网金融"的提法,由于把"金融"与"技术"相混淆,导致在实践中出现了为数不少的脱离和违背金融行业规则的所谓的"创新",甚至在监管和经营理念上也出现了偏差,出现了许多风险事件和群体性事件,增加了金融系统风险。随着近两年来国内互联网金融专项整治的深入,粗放经营的互联网金融时代已经过去。互联网金融阶段的技术和资本沉淀促使了新技术与金融的深度结合,并对金融行业进行了深度改造,目前正在朝着移动化、数字化和智能化的金融科技阶段发展。从未来发展看,国内的互联网金融概念将逐步为金融科技的概念所融合,最终与国际通行概念保持一致。

目前是金融科技发展的重要窗口期,既要避免像互联网金融那样重蹈覆辙,又要抓住重大历史发展机遇。有九个要点需要进一步思考:

①人才。金融科技的创新离不开人才。某些领域需要复合型人才,但更多领域需要的并不是复合型人才,毕竟复合型人才是少数。所以多数人应进一步提升自己的专业能力,避免被 AI、机器所替代。比如"AI+金融",在解释、可验证等方面还有不足之处,中间有大量的黑箱,如果利用人才的专业能力弥补不足,人才的不可替代性会进一步增强。所以人才是第一个要点。

②技术。大数据、人工智能、区块链等新兴信息技术的快速发展,在金融领域的应用越来越广泛。

③数据。数据是数字化时代最重要的生产要素之一。

④场景。所有的金融科技创新最终都要落到特定的场景之中。

⑤资本。从全球来看,主要的金融科技创新中心,不仅是场景应用的中心,往往也是投资和支持金融科技从业主体快速发展的资本集聚中心。

⑥产业。所有的金融科技创新最终都要服务于某些产业,这也是金融服务实体经济的最终落脚点。

⑦监管与政策。金融科技的创新必须在监管允许的范围之内。

⑧硬件。硬件是基础设施。

⑨文化。这直接涉及软实力、软性竞争力问题。

总之,无论是金融科技的创新,还是金融机构的数字化转型都不是短期的事情,在中长期要适应经济社会发展的内在规律。

二、金融科技的主要业态

从上面的分析可以发现,金融科技是传统金融机构与金融科技企业利用新兴信息技术实现资金融通、支付、投资和信息中介服务的新型金融业务模式。国际货币基金组织(IMF)、金融稳定委员会(FSB)与巴塞尔银行监管委员会(BCBS)对金融科技当前业务类型均有界定。IMF把金融科技活动分为支付、存款、贷款、风险管理与理财咨询五类。FSB也将金融科技活动分为五类:支付、清算和结算;存款、贷款和融资;保险;投资管理;市场服务支持,其中既包括零售(家庭和中小企业)也包括批发(公司、非银行金融机构和银行间)服务活动。BCBS则把金融科技活动分为支付结算、存贷款与资本筹集、投资管理、市场设施等不同类型。三大组织的分类范围不尽相同:IMF的分类不仅包括前台业务,也包括后台业务、监管科技反欺诈、数字货币等内容;而FSB与BCBS对金融科技活动的分类大致相同,只不过前者业务范围较宽,包含了保险,而后者不含保险,原因可能是 BCBS 更侧重于对银行类金融功能的关注,而 FSB 则是关注金融全口径。综合三大机构划分的金融科技活动类型见表1-2。

表 1-2　金融科技活动业务类型

支付结算	存贷款与资本筹集	保险	投资管理	市场设施
▲零售类支付 数字钱包 点对点汇款 数字货币	▲借贷平台 借贷性众筹 线上贷款平台 电子商务贷款 信用评分 贷款清收	▲产品与服务 产品设计 定价承保 分销渠道 理赔服务	▲智能投顾 财富管理	▲跨行业通用服务 客户身份认证 数据归集处理
▲批发类支付 跨境支付 虚拟资产交易	▲股权融资 投资型众筹	▲技术系统 云储存架构 开放式平台 区块链内嵌	▲电子交易 线上证券交易 线上货币交易	▲技术基础设施 分布式账本 大数据 云计算

资料来源:IMF、FSB、BCBS。

FSB 认为,不同业务类型在发展规模、市场成熟度等方面存在差异,对现有金融体系的影响程度也有所不同。

①支付结算类。主要包括面向个人客户的小额零售类支付服务,如美国的 PayPal[1]、我国的支付宝等,以及针对机构客户的大额批发类支付服务,如跨境支付、外汇兑换等。移动支付、第三方支付发展迅速,但后端仍需仰赖现行支付及清结算系统,因此未能充分取代或对银行造成冲击,二者仅为分工互补状态。

②存贷款与资本筹集类。主要包括 P2P 网络借贷和股权众筹,即融资方通过互联网平台,以债权或股权形式向一定范围内的合格投资者募集小额资金。此类业务主要定位于传统金融服务覆盖不足的个人和小微企业等融资需求,也

[1] PayPal(中国境内称"贝宝")是一家服务全球的第三方支付服务商,为购物网站 eBay (易贝)旗下公司,致力于让个人或企业通过电子邮件,安全、简单、便捷地实现在线付款和收款。PayPal 支持全球190 个市场的 24 种币种。国外的购物网站在支付选项中大都包括 PayPal,另外像国外的 Google Play 和 Apple Store 也都支持使用 PayPal 支付。

就是通常所说的长尾客户群,虽然发展较快,参与机构数量众多,但与传统融资业务相比,所占比重仍然较低,更多的是对现有金融体系的补充。

③保险类。主要包括产品设计、定价承保、分销渠道、理赔服务等保险业前中后端各个核心业务流程,从用户参与、体验、数据、展业、企业、P2P保险和共识等各个角度推动对保险行业的商业模式重塑。

④投资管理类。主要包括智能投资顾问和电子交易服务。运用智能化、自动化系统提供投资理财建议。目前多应用在高度成熟的金融市场,但范围尚属有限,主要应用在智能理财方面。各国监管机关沿用现行资产管理标准,重点关注信息披露、投资者保护等问题。在国内市场,目前这两项业务都处于银行、证券机构主导的状态,实质上是传统金融培育、服务自身的业务模式。

⑤市场设施类。既包括客户身份认证、多维数据归集处理等可以跨行业通用的基础技术支持,也包括分布式账本、大数据、云计算等技术基础设施。

上述前四类业务具有较显著的金融属性,一般纳入金融监管;第五类体现出较强的技术属性,通常被界定为金融机构信息外包服务管理,但随着科技与金融的深入融合,其对持牌金融机构的稳健运行将会产生越来越重要的影响。

第二节 金融科技的发展历程与特征

一、全球金融科技发展历程

国际证监会组织(IOSCO)于2017年2月发布了《金融科技研究报告》,根据新兴科技和创新商业模式演进两方面的内容将金融科技发展历程分为3个阶段:金融科技1.0、金融科技2.0和金融科技3.0。清华大学国家金融研究院院长朱民于2021年12月4日在第四届金融科技发展论坛发表了主题演讲——《金融科技4.0的未来和挑战》,总结了金融科技的发展历程与金融科技4.0的发展现象,并展望了金融科技发展的未来。

（一）金融科技 1.0：萌芽期（1980—1989 年）

这一阶段的主要特征是金融服务数字化程度不断提高，金融行业通过信息技术的软硬件应用来实现办公和业务的电子化、自动化，从而压缩营运成本，提高服务效率。其标志性事件是直销银行的出现：1989 年 10 月，英国米特兰银行创办了全球第一家直销银行 First Direct 并取得了成功。之后，欧美其他金融业发达国家也相继出现了自己的直销银行。直销银行的出现，标志着金融科技时代的开启。

（二）金融科技 2.0：起步期（1990—2010 年）

在金融科技 2.0 阶段，科技与金融的合作更加深入，以互联网金融为典型。这一时期的标志性事件主要有：1990 年，移动支付出现；1992 年，美国第一家互联网经纪商 Etrade 成立；1995 年，全球第一家互联网银行 SFNB 成立；20 世纪 90 年代末期，电子货币与货币基金的对接、保险公司网络直销和第三方比价等平台出现；2003 年，互联网股权众筹问世，金融科技引起各国普遍关注；2005 年，第一家网络贷款平台（P2P）Zopa 上线。

这个阶段的主力军是非金融机构的互联网企业，跟进者是传统金融机构。前者依托互联网技术与信息通信技术，独立提供金融服务或者与金融机构合作推出金融服务；而后者则通过搭建在线业务平台，利用互联网或者移动终端的渠道来汇集海量的用户和信息，实现金融业务中的资产端、交易端、支付端、资金端组合的互联互通。这一阶段的本质是对传统金融渠道的变革，从而实现信息共享和业务融合。

（三）金融科技 3.0：快速成长期（2011 年至今）

这一阶段，互联网不再是推动金融科技发展的最主要动力，而是作为金融科技的基础继续存在，以大数据、云计算、人工智能、区块链为代表的新兴信息技术上升为推动金融科技发展的新兴动力。在互联网的基础上，这些新兴科技全面与金融融合，改变着传统的金融信息采集、风险定价模型、投资决策过程、信用中介角色,可以解决传统金融的痛点,全面提升传统金融的效率。这一时期的标志性事件主要有:2015 年 10 月,美国纳斯达克证券交易所发布全球首个区块链平台 Lig;2016 年 9 月,英国巴克莱银行完成首个基于区块链技术的交易。

这一阶段,人工智能应用已遍布金融机构垂直领域和职能部门。举例来说,在产品和服务方面出现了智能投顾、直接贷款。在职能部门如"前台",AI 融入了销售及客户支持。在职能部门"中台",AI 的应用体现在风险与合规产品的处理。而职能部门"后台"的财务审核,现在通过大数据、AI 来处理,效率提高了很多。当然,这里强调的是垂直,其实还没有做到综合。从这一例子可以看到,在人工智能的十大基本模块里,很多技术得到了普遍的运用,包括计算机视觉,语音和声音感知,自然语言处理,搜索、信息处理及知识提取,数据学习,规划和探索代理,语音生成,图像生成,处理和控制。

这一阶段,金融科技解决了安全、风险、成本、信用、效率等一系列基础问题,得以把数字世界和物理世界,以及虚拟世界和物理世界统一结合起来。通过金融科技,把物理世界中物联网银行的实时数据流,经过数字世界中的量化分析,对互联网大数据、金融事件进行分析,再利用金融云来降低成本,从而实现金融服务商与客户的直接联系。在这个过程中,生物特征识别将延伸金融空间、人工智能提升金融服务的效率、大数据风控提升资产安全、硬件安全提升金融服务安全,以及区块链驱动互联网自动化、可信及扁平化。其中一个典型的案例就是小微贷款。小微贷款的业务难点就是风险成本高、运营成本高、服务成本高,即"三高"。而小微服务需求的痛点就是要能融到资,用款"短、小、频、急",同时要降低融资成本。在以前没有金融科技的情况下,因为是纯信用服务,对于长尾客户的部分比较难做。现在通过金融科技解决了很多问题,例如大数据风控,解决了信息不对称的问题;数字化智能营销解决了服务成本的问题;互联网产品设计提升了客户体验;互联网与云技术降低了运营成本等。这是今天能看到的 3.0 的典型状况。所以说当前金融科技正处于 3.0 的阶段,一个蓬勃的发展阶段。

（四）金融科技 4.0：飞速扩张期（未来）

金融科技正在向 4.0 时代迈进，即以数据为基础的机器认知时代。人类有史以来第一次找到了第二条知识获取的平行途径——机器认知。机器认知和人类认知的途径不完全重合，从而扩大了知识的绝对空间。从数据到服务的路径可以更短、更高效。数据和知识是一体两面的关系，数据是知识的载体，而数据的流通就是知识的流通。虽然金融科技 4.0 还是以大数据、人工智能、云计算及区块链为基础，但同时出现了大模型。大模型是通过联邦学习、知识图谱以及自然语言处理，来解释和开拓新的物理世界。

这一阶段，金融科技将发生三个重要变化。首先，金融业务的模式开始向场景化、标准化、数字化转型，包括场景化获客、标准化风控以及数字化运营。这要求金融机构升级三大核心能力：一是场景的开发与合作能力，二是数据整合和分析能力，三是数字开发运营能力。其次，金融科技 4.0 是一个自我迭代、优化和成长的素质综合生态。当提及数字质量和大数据打通、大模型与知识图谱和深度学习的结合，其实已经在走向机器自动学习和提升的过程。最后，金融科技 4.0 要构建开放、敏捷和可持续的金融科技生态。这需要持续升级对业务的支持能力，需要打造新金融的数字基础设施，需要强化技术创新和自主可控能力，需要业务、数据、技术生态和人力资本的总和，需要单一平台到整体生态，还需要创新、运营和赋能。所以金融科技的逻辑、概念和思维的框架在发生变化。

从金融科技的发展历程来看，其初衷是通过技术创新降低获客成本，提供营销获客、身份认证、风险定价及资金流转等环节的技术支持，快速介入金融市场。伴随着网络的普及、大数据和人工智能的应用，尤其是区块链的研发，信息技术和金融的融合不断突破现有金融的边界，深刻改变着金融服务的运作方式，如今正在出现去中心化、区块基础、全数据支持、智能化、自动化、自我学习和自我迭代发展的综合服务金融平台，世界正在走向一个数据和智能的时代。

金融科技正从根本上改变着金融服务,在此过程中数据会越来越多、质量会越来越好、深度学习的算法效率也会越来越高,因此会不断地加速迭代,从而不断地创造出、开发出人类需要的各种各样的金融服务,并为各国经济增长创造新的发展机遇,造福金融消费者。

二、中国金融科技发展历程

中国也紧紧抓住了金融科技的机遇,在全球具有重要影响力。京东金融研究院发布的《2017 金融科技报告》,以时间为序,将中国金融科技的发展历程分为四个阶段:金融电子化、金融信息化、互联网金融与金融科技。

(一)金融电子化(1993—2000 年)

20 世纪下半叶,随着电子技术的发展,中国金融行业开始探索电子技术在银行业务中的应用。1993 年,《国务院关于金融体制改革的决定》中,明确指出:"加快金融电子化建设"。在国务院的统一部署下,中国人民银行和银行业金融机构共同深入探索行业电子化建设之路,通过持续运用现代通信技术、计算机技术等开展金融业务和管理,提升服务的工作效率,提高业务的自动化水平。

(二)金融信息化(2001—2005 年)

2001—2005 年,中国金融机构在利用现代通信网络技术的基础上,更加注重数据库技术的应用。中国银行业尝试以现代通信网络和数据库技术为基础,将银行业务数据逐步集中汇总,从而提升服务水平和管理水平。

(三)互联网金融(2006—2012 年)

2006 年之后,金融机构移动互联网技术和业务深度融合,出现了网络化发展趋势。信息技术与金融业务紧密结合,渗透到金融业务的方方面面,进行系统整合、业务流程再造、金融系统互联和信息共享、信息安全保障体系和风险防控体系建设、标准化体系建立成为这一阶段的关键任务。同时,移动互联技术的发展催生出大量的业务模式、新的载体和业态。

（四）金融科技（2013 年至今）

金融基础设施建设既是金融体系的基础,也是金融健康发展的基石。支付信用、信用环境、法律环境、公司治理、消费者保护、金融监管等方面的建设,为金融科技的发展奠定了基础。2013 年至今,中国在大数据、云计算、区块链、人工智能、移动互联网等新一代信息技术方面的应用可以看出,科技在提升金融效率、改善金融服务方面的影响日渐显著。金融科技已全面融入支付、借贷、保险、证券、财富管理、征信等金融领域。

三、金融科技行业特征

（一）高创新

金融科技是一个高创新的行业,此处的"高创新"更多是指技术手段的创新,而不仅仅是商业模式的变化所带来的金融创新。金融科技正在运用大数据对人工智能、认知计算、机器学习和分布式分类技术等前沿技术进行革新,将传统的银行、证券、保险业务进行分解,可提供高效率、高附加值、低成本、便利性商品与服务,从而极大地降低交易成本,提升金融行业的运转效率。

（二）高度重视客户体验

在发达经济体和金融服务尚未完全普及的新兴经济体下,智能手机的持有量正在快速攀升。通过这些新型工具,金融科技开创了简单易用、具备较高消费者参与度的产品或服务。金融科技公司非常注重客户体验,包括简化产品和服务流程,听取客户意见,响应并预测客户需求,进行产品快速迭代,形成传统金融行业所不具备的服务体验。

（三）高扩展性

金融科技可利用伙伴关系、分销和自身的简易性,将业务模式、产品、服务在可能的范围内进行快速延伸。金融科技通过科技支撑和可扩展的架构支持,为金融产品的差异化定价,为多样化客户服务提供灵活手段,可自动且迅速计算出借款人的信用度或制作最适合的资产组合等,有助于实现业务规则和流程的统一,强有力地支持快捷、准确的决策分析。

（四）去中介化

金融科技反映了人人组织和平台模式在金融业的兴起,在金融市场上,将资金的提供者和需求者进行有效连接,恢复到直接资金供需状态,但金融科技企业本身并不介入,因而实现了金融脱媒和去中介。如 P2P 的商业模式,就是介于银行与证券公司之间,P2P 平台是信息中介,通过网络资金供给方与资金需求方的交易,有效提升了金融效率。

（五）普惠化

科学技术与金融产业更深层次的融合,让大数据、人工智能、区块链等最新科技融入传统金融行业的信息处理与投资决策中,这是传统金融业最为关键的运营环节,也是人力成本最为高昂的环节。以往只有资金数额大的重要客户才能享有根据自身情况定制的金融服务,随着金融科技的普及适用,未来的金融服务将向长尾客户普及;此前高净值客户才能享有的财富管理、投融资服务将向广大的长尾用户群体辐射,金融科技将会让越来越多的市场主体分享到金融服务所带来的便捷,特别是使传统的金融服务能够面向中小微企业和没有征信记录的个人,他们曾经在较高的金融服务门槛前感到无能为力,而金融科技将会改变这种现状,让每一个市场主体都能够平等地共享金融服务。

（六）易合规

市场上较为优质的金融科技公司不仅有业务增长的技术优势,还具备易于监管合规的技术优势,这有利于金融科技增强信息透明度,降低风险和运营成本。合规不再源自外部的监管压力,而是成为金融科技发展的内在动力。

第三节　金融科技的发展现状、意义及其演变趋势

一、全球金融科技的发展现状

近年来,全球金融科技发展形势较好:金融科技普及率逐步提升、金融科技企业发展势头迅猛、各国加快区块链发展和专利布局、数字货币实验和试点工作加快、开放银行应用提速、数字银行进化加速、全球金融科技投融资稳中增长。在监管层面,各国数据保护立法工作进程加快、持续规范技术在金融业务中的应用、金融科技政策体系不断完善。目前全球金融科技已经形成了五种发展模式:一是以美国为代表的技术推动模式,特点是金融与技术互促,产业与文化共赢;二是以英国为代表的规则推动模式,特点是创新监管方式,以规则助推产业发展;三是以中国为代表的市场拉动模式,特点是数字化转型加快,在监管中寻突破;四是以日本、印度尼西亚为代表的混合竞争模式,特点是加快改革步伐,潜力不断被激发;五是以韩国、以色列为代表的以点带面的模式,特点是找准突破口,重点攻坚。从布局来看,传统金融中心城市加速转型,中美两国金融科技优势突出,亚太地区金融科技发展潜力巨大。

全球金融科技的产业中心主要分布在英国、美国、新加坡、澳大利亚和中国等国家。接下来以地域分类,对以上国家的金融科技发展情况进行简要梳理。

(一)英国

自2008年以来,英国发展成为全球金融科技中心。近年来,英国 Fintech 产业快速发展。从金融科技渗透的行业来看,根据安永金融科技数据库统计,半数以上的英国金融科技公司聚焦于银行和支付,另有约20%集中在信用和贷款行业。其中,投资倾向于聚焦后者,这也反映了 P2P 作为替代性金融(Alternative Finance)在英国贷款中的地位。

伦敦既是英国的金融科技中心,也是欧洲最成功的金融科技中心。伦敦活跃着历史悠久的大型银行的创投基金、聚焦金融科技的天使投资人、创投资本家,以及新型金融融资工具,都是金融新创公司早期阶段营运资金的重要来源。近年来,受益于国家政策,一些伦敦之外的城市凭借着逐渐成熟的商业环境以及较低的运营和生活成本吸引了越来越多的金融科技公司和人才,尤以曼彻斯特为代表,其是英国巴克莱银行(Barclays Bank)和劳埃德银行(Lloyds Bank)的技术根据地,除了拥有 AccessHay 和 DueCourse 等优秀的金融科技公司,还拥有众多加速器项目(Innovate Finance 等)以及活跃的投资机构(Forth Oest Fund, GMAF 和 MADAS 等)。

(二)美国

Fintech 这个名词早在 1980 年初就已经在华尔街业界使用,而 Fintech 业界的出现也是在美国特殊的行业发展环境下自发成长,政府并未介入。美国的金融科技市场十分成熟。

美国金融市场经过逾百年的发展,能够提供比较完善的、全方位的产品和服务。成立时间较早的银行金融机构实力雄厚,极具竞争力,竞争也十分激烈,传统的银行金融机构一直非常积极地在利用互联网等科技进行金融服务的创新。美国的金融科技行业,只能在传统大金融企业不涉及的新领域里发展,例如,信用卡市场的发展现状抑制了网上支付的发展。

美国的金融科技发展地域分布比较集中,最有代表性的是硅谷和纽约。美国的金融科技从硅谷起源,硅谷拥有相对成熟的金融科技专才,金融科技生态系统内完善的互连结构,使得创业企业能够从具备金融科技投资经验的大型风险投资基金中获益。德勤的一份调查报告显示,2016 年全球金融科技中心排名的前四位分别是伦敦、新加坡、纽约和硅谷。纽约是全球金融中心,紧密依托华尔街庞大的资本基础和既有的金融市场专才,涌现出一批金融科技机构。硅谷的最大优势是科技创新,众多的金融科技独角兽企业在此孵化而生,而 GAFA 四大企业 Google、Apple、Facebook、Amazon 也将持续在金融科技领域扩大投资。

美国顶级的金融科技公司有很多,比如总部设在芝加哥的 Avant 专注在线借贷领域,为介于优级信用和次级信用之间的客户提供服务。还有一些企业在金融细分领域中较有影响力,比如专注于互联网保险的 Oscar Health,以及专注于财富管理的 Wealthfront。

(三)新加坡

新加坡是世界金融中心和世界金融科技领域领先地位的有力竞争者。新加坡在政府支持、资金来源、创新中心建设和监管沙盒设立等方面都做得非常出色。新加坡以经商便利程度较高、英语作为商务语言的优势,成为全球金融资本进入亚洲市场的首选门户。

2016 年是金融科技(Fintech)在新加坡飞速发展的一年,与金融科技相关的宣传和活动层出不穷。目前已有超过 300 家金融科技起步公司落户新加坡,超过 20 家跨国金融机构和科技企业也在本地设立创新实验室和研究中心,其中过半数都是在 2016 年设立。全球最大的金融科技中心 LATTICE80 也于 2016 年在新加坡开幕。新加坡有很多顶级的金融科技公司,比如 Call Level、Bluzelle、Dragon Wealth、Fastacash、Match Move Pay、Moolah Sense、Crowdonomic、Otonomos、Fitsense 等。以 Call Level 为例,推出了实时财务监控 App,针对想即时更新大宗商品和资产价格波动的用户,为其提供实时财务监控和云端通知提醒服务,目前覆盖了超过 5 000 种资产类型,包括股权、外汇、期货、比特币等。未来 Call Level 还将为金融机构(比如银行)推出一款个性化版本,帮助它们为财富管理客户提供更好的服务。又如 Bluzelle,其主要业务是为银行和保险公司提供供应链金融的支持。

(四)澳大利亚

澳大利亚的金融科技行业正在快速发展,是金融科技的"后起之秀",并且澳大利亚拥有先进的互联网银行和移动终端产业,是全球金融市场进入亚洲生态经济区的理想入口。

毕马威 2017 年发布的报告《丈量金融科技的机遇——着眼悉尼与澳洲》显示,澳大利亚半数以上的金融科技公司位于悉尼,悉尼已成为引领这一新兴行业发展的主要驱动力。2017 年 Fintech 行业新成立公司已有约 579 家,其中,超过 60% 的企业均位于悉尼,并且悉尼始终是全国 Fintech 行业获投资最多的地区,2014—2016 年所获投资额达到 1.71 亿美元。2017 年悉尼金融科技总产值约占澳大利亚 GDP 的 9%,从行业占比上看,中国香港和新加坡都无法达到这一程度。安永和澳大利亚金融科技协会 2021 年联合组织的《第六届澳大利亚金融科技行业年度普查报告》显示,2021 年澳大利亚金融科技行业亮点包括:2021 年行业呈持续增长态势,有 67% 的金融科技公司员工数量达到 10 人以上;金融科技公司就业人数持续增长,行业中值达到 21 名全职员工和 2 名兼职员工;2021 年预计实现盈利的金融科技公司比例进一步增长到 29%;规模较大且业务成熟的金融科技公司更可能产生收入。在创收阶段公司中,有 88% 的公司成立时间为 3 年及以上,81% 的公司成立时间为 2 年及以上;创收阶段金融科技公司的付款客户数量达到新高,41% 的公司称其客户数超过 500 个;支付、钱包和供应链成为最常见的金融科技公司类型(38%),占比超过贷款类(24%)。政府支持是促进金融科技行业快速发展的关键因素之一,比如研发退税、出口市场发展补助金等政策有力保障了金融科技行业的可持续性和增长前景。金融科技行业增长的另一关键因素是与现有企业的协作和合伙关系。

（五）中国

中国是高速成长的金融科技市场之一,并拥有着全世界最大的消费者群体,为日益活跃的金融科技市场提供了坚实基础。在政策鼓励下,近年来我国金融科技取得了较快发展。2016 年,中国带动亚洲替代北美成为全球金融科技投资第一目的地,多个昔日独角兽已成长为巨龙。金融科技以人工智能、大数据、云计算、区块链等新一代信息技术为关键驱动力,助推数字化时代金融行业创新和可持续发展,已全面覆盖营销、风控、授信、投顾、客服等主要金融业务流程,催生了移动支付、数字信贷、网络保险、数字理财等一系列新型金融业务模式,给金融产业链、供应链和价值链带来了深刻影响。

整体而言,中美两国金融科技发展水平均处于世界前列,金融科技公司与金融机构的合作不断深化,业务模式和商业模式推陈出新,推动金融行业不断进步。同时,在一定程度上,金融科技的发展带来风险外溢,在提供跨行业、跨市场、跨机构金融服务的同时,使得金融风险传染性更强、波及面更广、传播速度更快。

从发展历史上看,中国金融科技的发展步伐稍晚于美国,且两国发展各有侧重。长期以来,美国核心科学技术全球领先,在金融科技领域,主要依托技术优势实现创新、多元化发展,发展方向主要集中在网络借贷、保险科技和财富管理。中国金融科技创新的主力军是互联网企业巨头,致力于发展互联网支付、网络借贷等个人金融服务,在应用层面的创新能力较强,互联网人口优势有利于各种新型金融产品和服务开展规模化、市场化的应用。

二、中国金融科技的发展现状

浙江大学互联网金融研究院司南研究室、剑桥大学新兴金融研究中心、浙江互联网金融联合会、杭州铜板街互联网金融信息服务有限公司于 2018 年联合发布的《全球金融科技中心城市报告》显示,北京位列七大全球金融科技中心城市之首,接下来是美国的旧金山和纽约,以及英国的伦敦,然后是中国的上海、杭州和深圳。香港的金融科技产业排名第十,广州排名第二十五,南京排名第二十八。从金融科技优质企业数 TOP10 城市上看,中国上榜城市最多(4座),上榜企业数量最多(115 家),融资额最高(577.6 亿美元);从金融科技企业融资额 TOP10 上看,中美占据全榜单,但中国占比 70%,融资额是美国的 6~7倍;从金融科技体验上看,中国独占鳌头,6 个城市跻身全球前十;从金融科技生态上看,以纽约、旧金山与伦敦为代表的发达国家城市领跑,北京是唯一进入生态前五的发展中国家城市。零壹财经·零壹智库联合天冕大数据实验室发布的《中国金融科技年度报告 2020》显示,截至 2020 年 9 月,全球有 65% 的金融科技专利来自中国,出现专利最多的技术是 AI 与区块链。

总的来说,中国金融科技有五大特征:一是发展强劲,金融科技产业发展位居世界前列;二是技术创新,ABCD① 发展态势稳健;三是数字化转型,金融科技在不同应用场景中的创新和发展稳步推进;四是体系不断健全,试点工作也在稳步开展;五是布局多点,北京、上海、杭州、深圳、香港已成为中国金融科技发展领先城市。

（一）北京

北京是中国首都,政治、文化、国际交流中心,最大的陆空交通枢纽,世界著名古都和现代化国际城市。其核心特色如下:

①金融科技产业全球第一,优质金融科技企业数全球第一,2020 年,拥有京东金融、度小满金融等 50 家金融科技优质企业,50 家企业共获 211.9 亿美元融资。

②中国科技创新中心,全球信息科技企业 TOP 200 总市值排名全球第二,2017 年专利申请量达 18.6 万件,科技企业孵化器、众创空间与科技园等创新创业服务机构近 500 家。

③金融科技生态中国第一,GDP 排名中国第二,人口规模全球第三,名校综合实力中国第一,全球第六,拥有 10 所世界 TOP 500 高校,全球金融机构 TOP 200 总市值排名全球第二。

（二）上海

上海地处中国长三角,是中国商业和金融中心,位列福布斯 2017 年"中国大陆最佳商业城市排行榜"第一位,以金融、商贸、汽车、房地产为主要经济支柱。其核心特色如下:

①金融科技产业中国第二,26 家优质金融科技企业共获得近百亿美元融

---

① "ABCD"分别用来指代人工智能(AI,A)、区块链(Blockchain,B)、云计算(Cloud Computing,C)、大数据(Big Data,D)这四种底层技术。

资,拥有拍拍贷、陆金所、众安保险等代表性金融科技企业,金融科技各类业态发展均衡。

②国际金融中心发展定位清晰,金融业增加值占 GDP 比重超过 17%,居中国第一,拥有上海证券交易所、上海期货交易所等众多全国性金融交易市场。

③亚洲经济中心,GDP 居中国城市第一、亚洲城市第二,仅次于日本东京。

④亚太地区重要国际门户,国际化程度在中国领先。

(三)杭州

杭州地处中国长三角,是浙江省政经文教中心,经济发达、风景秀丽,以旅游业、轻工业、信息科技等产业为主要支柱,以数字经济为新的经济增长点。其核心特色如下:

①金融科技先发优势明显,作为中国互联网金融发源地,拥有世界级金融科技巨头蚂蚁金服,这个融资额累计超过 5 000 万美元的金融科技企业,融资总额位居全球第一。

②金融科技体验全球第一,是全球移动支付之城,金融科技使用者占比达91.5%,居全球首位。

③数字经济基础雄厚,全球信息科技企业 TOP 200 总市值居全球第六,拥有阿里巴巴、海康威视、大华等全球数字经济龙头企业。

④创新创业氛围浓郁,平均每天诞生 602 个市场主体和 109 个有效发明专利,创业项目增长率 4.09%,连续四年位居中国第一。

(四)深圳

深圳地处珠江三角洲,在中国高新技术产业、金融服务、外贸出口等方面占有重要地位,是中国改革开放的窗口和新兴移民城市。其核心特色如下:

①区位优势明显,是连接香港和内地的桥梁,也是区域金融中心——深交所所在地,全球金融机构 TOP 200 总市值排名全球第五。

②信息科技创新能力较强,华强北正成为全球著名的信息科技创新创业中

心,全球信息科技企业 TOP 200 总市值全球第五,以华为、腾讯等为代表的信息科技企业闻名全球。

③金融科技体验和金融机构科技化共同助推金融科技发展,金融科技使用者占比为 86.0%,位居全球第二,传统金融科技化程度全球第二。

(五)香港

香港地处中国华南地区,与纽约、伦敦并称为"纽伦港",是全球第三大金融中心,重要的贸易、航运中心和国际创新科技中心。其核心特色如下:

①作为全球金融中心,资本活跃,其中风投融资额累计达 5 000 万美元的金融科技企业多达 6 家,内地众安保险、雷蛇等一批优质金融科技企业赴港上市。

②传统金融机构科技化程度全球第五,为提升银行业智慧水准,推出快速支付系统,香港金管局的《虚拟银行的认可》指引也于 2018 年 5 月发布。

③香港金融监管制度法规清晰,高效可靠,并与时俱进,监管机构设立,金融科技监管沙盒,并推出监管沙盒新功能——金融科技监管聊天室。

④与内地形成了紧密的合作关系,区域合作前景广阔。

随着《关于促进互联网金融健康发展的指导意见》《金融科技(Fintech)发展规划(2019—2021 年)》等一系列顶层规划文件的落地实施,中国金融科技政策环境和监管规则体系不断优化,行业守正创新、合规经营、规范发展的态势加快形成,在助力健全具有高度适应性、竞争力、普惠性的现代金融体系方面发挥着日益突出的作用。国家"十四五"规划和 2035 年远景目标纲要明确将"稳妥发展金融科技,加快金融机构数字化转型"作为深化金融供给侧结构性改革、构建现代化经济体系的重要战略任务,为当前及今后一个时期金融科技高质量发展明确了方向,提出了要求。

中国人民银行发布的《金融科技发展规划(2022—2025 年)》指出,金融科技作为技术驱动的金融创新,是深化金融供给侧结构性改革、增强金融服务实体经济能力的重要引擎。数字经济的蓬勃兴起为金融创新发展构筑了广阔舞台,数字技术的快速演进为金融数字化转型注入充沛活力,金融科技逐步迈入高质量发展的新阶段。

我国金融科技发展同时面临诸多挑战,发展不平衡、不充分的问题不容忽视。数字化浪潮下智能技术应用带来的数字鸿沟问题日益凸显,区域间金融发展不平衡问题依然存在,部分大型互联网平台公司向金融领域无序扩张造成了竞争失衡,大小金融机构间数字化发展"马太效应"尚待消除,技术应用百花齐放,而关键核心技术亟须突破。这些不平衡、不充分的问题正是未来一段时期深化金融与科技改革,推动金融业数字化发展亟须攻关的重要课题。

三、金融科技发展的意义

金融科技发展的意义有以下 5 点:

第一,金融科技使金融服务得到了前所未有的普及。得益于互联网的强大功能和当今日新月异的技术,金融服务得到了大规模的普及。无论个人或者企业位于何处,只要有互联网就可以进入令人着迷的金融科技世界。金融科技颠覆了传统的金融和银行业,并可能对传统的实体银行或金融机构造成威胁。对于没有银行账户的人,金融科技为他们提供了灵活的选择来参与金融服务。

第二,金融科技推动了金融服务业成本的降低。与公司和零售银行相比,金融科技提供的解决方案可以提高效率,并且通常更便宜,手续费更低。

第三,金融科技在安全性方面具有可靠性。尽管金融科技也存在漏洞,但与传统银行相比,建立安全流程的方式使得其更适合处理网络安全问题。

第四,协助企业,尤其是中小型企业发展。金融科技提供的解决方案可以使很多企业受益匪浅。中小企业比老牌企业更需要发展,而且它们在获得发展所需的资金方面经常面临困难。创新的金融科技产品为中小企业提供了各种融资选择。这些选择是针对小型企业的需求量身定制的,包括市场贷款、商户和电子商务融资、发票融资、在线供应链融资和在线贸易融资。荷兰开发银行

（FMO）的首席执行官说："金融科技在减少贫困、创造就业、提高性别平等程度和改善粮食安全方面可以发挥关键作用。"

第五，金融科技可以帮助企业将大数据转变为有意义的数据。企业可以从购物者、销售量、网站访问量和许多其他数据点收集大量数据。但是，它们需要知道如何使用这些数据，从而使其对业务发挥有益作用。而金融科技可以通过创建工具和流程将其转换为有意义的数据，从而帮助各种规模的公司理解和管理它们收集的数据。这样，企业就可以分析模式、趋势或链接。此外，金融科技还可以通过创建报告，帮助企业跟踪新的见解和有用的信息，从而制定有效的行业策略。

四、金融科技的演变趋势①

（一）金融科技发展逐渐向"积厚成势"的共赢阶段过渡

我国正处于技术与金融高度融合的金融科技发展 4.0 时代，这个时代会经历三个发展阶段，分别是双稳阶段、集聚阶段和共赢阶段。目前，我国金融科技的发展正向共赢阶段迈进，这一时期前沿技术融合创新加速，大量金融科技应用不断涌现，金融服务的"质""效"得到大幅度提升。数字经济成为驱动经济高质量发展的核心力量。在数字经济大发展的背景下，数据互联互通机制将加速构建，数据跨机构、跨行业、跨地域的交易新范式将形成，数据价值的潜能将得到充分释放。随着数据资源的快速流通，数据作为新的生产要素将驱动金融行业的深度变革，金融交易的边界将得以重塑，科技与金融的融合将创造出更多的新模式、新场景，合作共赢、开放共享将成为金融科技发展的主要特征，金融科技"积厚成势"集聚经济高质量发展强大动能。金融科技"积厚成势"，成为经济社会高质量发展的强大动能。

---

① 中关村互联网金融研究院. 中国金融科技和数字普惠金融发展报告（2022）［R］. 2022.

（二）乡村振兴成为数字普惠金融服务的"蓝海"

2021 年,我国进入巩固脱贫攻坚成果,全面推进乡村振兴的新阶段。普惠金融服务在数字技术的支持下,服务更加下沉、覆盖群体更加广泛。在金融科技的应用下,数字普惠金融在服务乡村振兴方面开展了大量的有益探索。一是涉农金融科技应用的政策支持力度不断加大;二是涉农金融科技产品和服务逐渐丰富;三是农村数字金融基础设施不断完善。同时,银行相继开展成立乡村振兴金融部,设立乡村振兴办公室,制定金融支持乡村振兴行动方案等举措,完善农村产业链金融服务体系,构建立体协同的乡村振兴触达体系。农村金融服务空间巨大,利用数字金融技术服务乡村振兴战略,将迎来巨大发展机遇。

（三）金融信创带动金融机构数字化转型更加深入

在数字技术的驱动下,金融机构加大金融科技布局,将发展金融科技提高到总体战略层面,数字化转型更加深入。在信创发展成为国家战略的大背景下,金融业面临新一轮数字化转型升级的机遇与挑战。2022 年 1 月,银保监会发布的《关于银行业保险业数字化转型的指导意见》指出,提高新技术应用和自主可控能力,对业务经营发展有重大影响的关键平台、关键组件以及关键信息基础设施要形成自主研发能力,降低外部依赖。金融机构将利用信创这一发展契机,开启从底层架构、管理系统、业务系统到核心系统的全面数字化重构,带动业务、人才、组织的全方面转型。金融信创作为金融机构的主要投入方向,未来增长可期。

（四）产业互联网与元宇宙数字技术融合更加深入

目前互联网发展的重心已由消费互联网逐渐向产业互联网转变。《数字经济及其核心产业统计分类（2021）》将数字经济产业分为数字产业化和产业数字化两大部分,数字产业化为产业数字化提供技术支撑,产业数字化为数字产业化丰富应用场景,二者互补互促、协同发展。随着"上云用数赋智慧"等一系列政策的引领,产业互联网平台通过新技术赋能,将变革传统产业的生产方式、服务体系和价值创造过程。元宇宙通过 AR、VR、区块链、5G、人工智能、数字孪生、虚拟现实等多种前沿技术,成为融合物理世界与虚拟世界的入口,将可能产生与当下完全不同的经济模式和市场空间,为产业互联网的发展注入新动力,有望带动金融机构进行深层次的业务思考与服务升级,无感体验金融产品、沉浸式的金融客户陪伴、金融产品实时创造将成为未来金融服务的主要方向。

(五)大数据平台逐渐从部门级走向企业级建设

数智化金融对金融机构的数据能力提出了更高要求,需要更优质、更多元的数据资源以适配更复杂的投研、风控、营销、运营等应用场景,需要快速响应数据开发,需要更全面地挖掘企业数据资产的价值。未来的数据平台会从部门级的大数据平台向企业级大数据平台发展。企业级大数据平台有利于企业内部生态协同创新,提升企业数字文化,从而实现数据质量、数据安全等数据治理能力提升。

(六)金融科技赋能可持续金融效应凸显

2021 年 11 月,人民银行创设推出"碳减排支持工具"这一结构性货币政策工具,支持清洁能源、节能环保、碳减排技术等重点领域的发展,并撬动更多社会资金促进碳减排。人民银行通过碳减排支持工具向金融机构提供低成本资金,鼓励社会资金更多地投向绿色低碳领域,向企业和公众倡导绿色生产生活方式、循环经济等理念,助力实现碳达峰、碳中和目标。在碳减排的大背景下,金融科技赋能可持续金融效应凸显。可持续金融包含 ESG(环境、社会和公司治理)投资、绿色金融等理念,金融科技以不断创新的核心技术为驱动,可助力搭建更客观、更全面的 ESG 评价体系,进行更高质量、长期跟进的 ESG 评分。随着 ABCD 技术更加广泛地应用于可持续项目投融资、可持续项目贷款等方面,金融科技和可持续金融场景的融合探索进一步扩大。

(七)数字人民币加快落地,应用场景不断丰富

数字人民币遵循"先试点、再推广"的政策导向,在总结试点经验的基础上,

不断丰富场景应用。截至 2021 年 10 月 8 日,数字人民币累计开立个人钱包 1.23 亿个,交易金额约 560 亿元,试点场景已超过 350 万个,已顺利落地冬奥场景近 40 万个,实现交通出行、餐饮住宿等七类场景全覆盖。目前,数字人民币已完成技术储备,具备了落地条件,试点范围不断扩大。同时,越来越多的银行,包括城商行、农商行等中小银行加速入局数字人民币应用试点,为数字人民币深入市场一线、下沉服务群体、扩大应用场景提供基础支撑。未来,数字人民币生态体系建设将更加完善,数字人民币的普惠性和可得性将大幅提升。

(八)金融科技标准体系更加完善

近年来,中国人民银行陆续发布并实施了云计算、区块链等技术金融应用规范及移动金融客户端应用软件安全管理规范等多个金融科学技术与应用标准,为金融科技标准化的实施提供了标准依据。金融标准化是推动金融科技守正创新、防范风险的关键,将在传统的政府监管、行业自治、社会监督管理模式的基础上,引入第三方检测认证专业机构,全面评估金融科技的安全性和有效性。金融科技标准体系框架逐渐完善,金融科技标准实施将更好地与金融科技监管相结合,通过标准、测评和认证三个环节,让金融科技创新应用逐渐规范,金融科技监管效能得以提升,金融科技创新监管机制也不断成熟。通过金融科技认证和标准化服务工作探索金融科技新模式、新经验,为金融科技创新发展提供解决方案。

(九)隐私保护将成为金融数据安全的重点关注方向

金融科技快速发展的同时,也给金融体系引入了新的风险因素,随着互联网平台大举进军金融领域,数字鸿沟、算法歧视、信息泄露等问题层出不穷。2021 年以来,国家出台了一系列金融数据监管政策,包括《关于进一步规范商业银行互联网贷款业务通知》、央行金融数据反垄断治理、"断直连"文件、《征信业务管理办法》等,以及两个立法性文件《中华人民共和国数据安全法》《中华人民共和国个人信息保护法》,体现了国家打破金融数据滥用、垄断的局面,将金融数据流通纳入监管范围的决心。在数字经济大发展的时代,将在确保个人隐私和数据安全的前提下,建立数据流通机制,打破金融数据滥用、垄断的局面,探索实现更精准的数据确权,更便捷的数据交易与更合理的数据使用。

(十)金融科技治理体系更加系统

国家"十四五"规划和2035年远景目标纲要中明确提出,要探索建立无人驾驶、在线医疗、金融科技、智能配送等监管框架,完善相关法律法规和伦理审查规则。2021年2月,中国人民银行金融科技委员会将"推动金融领域科技伦理治理体系建设,强化金融科技创新活动的审慎监管"作为2021年的重要工作任务。近些年,金融科技在显著提升金融业务运营效率的同时,也带来了一系列突出问题。一是互联网科技平台的市场垄断风险;二是数据"孤岛"引发数据共享不足;三是数据滥用导致隐私泄露问题;四是无牌照或超范围从事金融业务引发的系统性风险。《金融科技发展规划(2022—2025年)》开篇提出健全金融科技治理体系,从加强行业自律角度提出加强金融科技伦理建设,出台金融科技伦理制度、制定金融科技伦理自律公约和行动指南。未来,将着力防范金融科技重大风险、健全金融科技治理体系,推动金融科技行稳致远。

【本章小结】

金融科技是由技术驱动的金融创新,对深化金融供给侧结构性改革、增强金融服务实体经济能力具有重要作用。本章首先介绍了金融科技的概念,辨析了金融科技与科技金融和互联网金融的联系和区别,以及其与实体经济的关系,分析了金融科技活动的主要类型,然后介绍了全球和中国金融科技的发展历程,以及金融科技行业的特征,最后介绍了全球和中国金融科技的发展现状,分析了金融科技发展的意义,以及金融科技未来的十大发展趋势。

【专业术语解释】

金融科技	科技金融	互联网金融	金融科技活动类型
金融科技 1.0	金融科技 2.0	金融科技 3.0	金融科技 4.0

【本章习题】

1.金融科技的定义有哪些？如何理解其内涵与外延？

2.简述金融科技与科技金融和互联网金融的联系和区别。

3.简述全球和中国金融科技发展历程。

4.简述全球和中国金融科技发展现状。

5.简述金融科技发展的意义。

6.简述金融科技的演变趋势。

【进一步阅读资料及相关链接】

1.中国人民银行等十部委发布《关于促进互联网金融健康发展的指导意见》(银发〔2015〕221号)[EB/OL].中国政府网.

2.中国人民银行关于印发《金融科技(FinTech)发展规划(2019—2021年)》(银发〔2019〕209号)的通知[EB/OL].中国政府网.

3.中国人民银行关于印发《金融科技发展规划(2022—2025年)》(银发〔2021〕335号)的通知[EB/OL].中国政府网.

4.中华人民共和国国民经济和社会发展第十四个五年规划和2035年远景目标纲要[EB/OL].中国政府网.

5.京东金融研究院.2017金融科技报告[R/OL].中国网.

6.中关村互联网金融研究院.中国金融科技和数字普惠金融发展报告(2022)[R/OL].兴业数金.

原理篇

YUANLI PIAN

第二章

区块链

第一节　区块链的起源与发展

一、区块链的起源

2008 年 11 月 1 日，中本聪（Satoshi Nakamoto）在 P2P Foundation 网站上发布了比特币白皮书《比特币：一种点对点的电子现金系统》，阐述了基于 P2P 网络技术、数字签名技术、数字时间戳技术、区块链技术等的电子现金系统的构架理念，比特币概念就此面世。2009 年 1 月 3 日，中本聪生成了序号为 0 的比特币创世区块，将 50 个比特币转入账户地址中，标志着第一笔区块链挖矿酬金的产生。2009 年 1 月 9 日，序号为 1 的比特币区块出现，并与序号为 0 的创世区块连接形成了链，标志着第一个区块链的正式诞生。

比特币在 2008 年的金融危机中横空出世，它的出现是对传统货币制度的挑战。比特币不需要政治和金融保障，只依靠数学、程序和算法，就可以保持一个经济体系的正常运行。并且，比特币的公开记账，可以杜绝欺诈行为的发生。此外，固定的比特币发行总量，也使比特币供应处在可控范围内，可以避免出现因像中央银行无限印钱导致的通货膨胀。因此，我们认为比特币的出现，在一定程度上顺应了经济发展的需求。比特币发明者中本聪也曾在密码朋克（Cypher Punk）邮件列表中称，"我一直在研究一个新的电子现金系统，这完全是点对点的，无须任何可信的第三方"。并且，中本聪在比特币创世区块里写道："财政大臣即将对银行进行第二次救助"，这句话是创世区块诞生当天泰晤士报头版的标题。所以，一般认为比特币就是中本聪针对传统货币制度的弊端，而构想的能够打破政府垄断和稳定货币市场的新型货币交易系统。

中本聪在比特币里面大量借鉴了密码朋克成员在 Cypher Punks 邮件中的各种成果。"密码朋克"是数字货币最早的传播者群体，在全世界大概拥有

1 400 个用户。"密码朋克"用户发起了 Cypher Punks 邮件列表组织,并经常在这个邮件列表组织中讨论关于数字货币的实践。比如在 1998 年,美籍华人戴维(Wei Dai)在 Cypher Punks 邮件列表中第一次阐述了"加密货币"这个概念,指的是在给定的国家或经济体内通行的,用于支付商品、服务和偿还债务的物品或任何形式的记录。然后,在 2009 年,中本聪在 Cypher Punks 邮件列表中发表了第一个比特币规范和概念证明。在这期间,中本聪给戴维发过去了两封邮件。在第一封邮件里中本聪提到:"我读了您介绍 b-money 的网页,非常感兴趣。我很快就会发表一篇论文,能把您的思路扩展成一个完整的、可运行的系统。"在第二封邮件里中本聪称:"我想,您在 b-money 论文中想要解决的问题,比特币几乎都做到了。系统完全是去中心化的,无须任何服务器,也无须任何可信方。此网络的架构能够支持各种托管交易和合约类型,但当前还只是实现了货币和交易的功能"。由此可见,中本聪非常重视戴维关于数字货币的构想。但比特币与 b-money 的不同之处在于:①比特币的发行量是固定的,只有2 100万枚,这可能导致通货紧缩,而 b-money 的发行量由算力决定,原则上不会导致通货紧缩或通货膨胀;②比特币是基于交易的现金系统,并通过工作量证明来保证区块链全网的账本一致性,而 b-money 是基于账户的现金系统并通过验证服务器来保证区块链全网的账本一致性。

区块链起源于比特币,但不局限于比特币的商业模式或技术架构。事实上,在比特币诞生以后,区块链技术不断被发展并被尝试应用于智能合约、商品溯源、供应链和贸易金融、物联网、产权/版权、电子证据存证、保险、个人或企业征信、数字资产发现和交易、积分共享、企业财务登记和审核、会计和审计、跨境支付和结算、能源交易与管理、云存储服务、医疗健康、慈善公益等领域。正如中本聪所言,区块链构造的是一个去中心化、去信任和去中介服务器的平等世界。

二、区块链的发展

区块链自 2009 年诞生以来,已经发展了十余个年头。梅兰妮·斯万(Melanie Swan)在其著作 *Blockchain: Blueprint for a New Economy* 中,根据区块链的发展脉络,将区块链的发展史分为区块链 1.0、区块链 2.0 和区块链 3.0 等 3 个阶段。图 2-1 显示了区块链发展史的 3 个阶段。沿着这 3 个阶段,我们可以以发展观的视角清晰地了解到区块链在不同时期的概念差异、关键技术和功能价值。

图 2-1　区块链发展史的 3 个阶段

(一)区块链 1.0

区块链 1.0 是区块链技术的基本版本,能够实现可编程数字货币。区块链 1.0 在电子现金系统中部署加密数字货币,支持货币转账、汇款和数字支付等功能。区块链 1.0 的关键技术包括 P2P 网络、时间戳、非对称加密和工作量证明(PoW, Proof-of-Work)。P2P 网络技术是建立区块链分布式账本的基础技术,一个节点的数据信息通过广播的方式传递给全网节点。全网节点不停地查收和存储数据信息,避免数据篡改和丢失,从而保证了分布式账本的安全可靠。时间戳是由联合信任时间戳服务中心签发的一个电子凭证,是通过数字签名对包含原始数据信息、签名时间和签名者参数等信息的数据对象进行签名而产生的数据。时间戳可以用于证明数据信息产生的时间和自产生后的内容完整性。非对称加密技术是一种密钥的保密方法。在对称加密中,加密和解密过程用的是同一把钥匙;在非对称加密中,加密和解密过程用的是一对包含"公钥"和"私钥"的密钥。因为使用的是两个不同的密钥,所以这种算法被称为非对称加密算法。顾名思义,公钥就是可以公开的密钥且不用担心导致潜在的资产安全风险;而私钥是不能公开的密钥,私钥的泄露可能导致身份造假、通信安全和资产窃取等风险。在区块链应用中,公钥用于加密和私钥用于解密时,可以保障数据的安全传输;私钥用于加密和公钥用于解密时,可以验证数据签名者的身份。图 2-2 显示了区块链中数据的安全传输机制。图 2-3 显示了区块链中数据的身份验证机制。工作量证明 PoW 是由比特币引入的,通过求解一个 hash 难题来竞争记账的权利。例如,在比特币中,每个矿工需要找到一个 nonce 值,该 nonce 值与前一区块的 hash 值和现区块交易数据一起放入 hash 算法中,要能生成现区块的目标 hash。最先找出这个 nonce 值的矿工得到记账权和比特币奖励。工作量证明 PoW 技术是节点算力的竞争,因为一般而言,计算能力强的节点能够优先找出目标 nonce 值。当对等节点的计算能力近似相等时,记账权利的分配是随机的,因而保证了记账公平性;当对等节点的计算能力悬殊时,记账权利的争夺是需要付出巨额算力成本的,从而提高了节点的作恶成本。

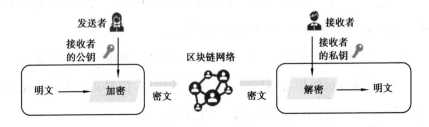

图 2-2　区块链中数据的安全传输机制

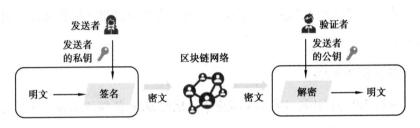

图 2-3　区块链中数据的身份验证机制

（二）区块链 2.0

区块链 2.0 是区块链技术的升级版本，能够实现可编程智能合约。区块链 2.0 通过智能合约来设置各种商业与非商业环境下的复杂业务逻辑，支持更广泛的金融应用场景，包括股票、债券、期货、贷款、抵押、产权和智能协议。区块链 2.0 的关键技术包括智能合约、账户状态管理和区块链准入控制。智能合约技术是指将简单的"if/when...then..."等语句程序存储在区块链上，用于当满足预先确定的条件时，自动执行协议以便所有参与者都可以立即确定结果，而无须任何中间人参与。智能合约可以应用于资金及时结算、登记车辆信息、发送通知或开具凭单。开发人员可以提供更多的智能合约编程模板、Web 界面和其他在线工具来简化智能合约的构建。账户状态管理技术专门针对基于账户模型的区块链系统，比如以太坊和 Fabric。账户状态管理技术将一个或多个账户实例的所有状态以 key-value 的形式组织起来，并存储到状态树结构中，以便高效地管理账户状态。区块链准入控制技术是适用于联盟链和私有链的区块链技术，一般涉及证书颁发中心、组件配置和成员管理服务 3 个组件。以 Fabric 为例，具体的区块链准入控制分为以下几个步骤：

①证书颁发中心生成一个成员（通道、节点或用户）的相关证书和签名。

②开发者在成员的相关组件（通道、节点或用户）配置文件中设置成员信息，包括证书、签名和私钥的存储地址及权限信息。

③成员管理服务组件将成员信息写入区块链网络。

④成员管理服务组件通过证书验证成员身份并通过组建配置文件控制成员的权限。

（三）区块链 3.0

区块链 3.0 是区块链技术多领域应用落地的表现，能够解决各行各业的信任危机和实现数据的安全管理。区块链 3.0 支持商业逻辑更加复杂的区块链应用，包括智能化政务系统、健康档案管理、自治性社区管理和艺术管理领域。区块链 3.0 的关键技术包括区块链性能优化、分布式智能和价值互联网构建。性能优化技术是区块链 3.0 的研究重点。目前,提高区块链系统性能的主流方法有分片、有向无环结构(DAG)、可扩展共识协议和侧链。分片是一种传统的数据库技术,它将大数据分成了更小的数据块以便于存储和管理,从而提高了区块链的性能和可用性。Nxt 社区提出使用 DAG 拓扑来存储区块,解决区块链效率问题。在 DAG 中,交易打包可以在不同的分支链上并行执行,以提高性能。可扩展共识协议指的是在保证一致性的前提下,尝试结合不同的共识机制形成新的、灵活的共识机制,比如 PoW+PoS、PoS+PBFT。侧链的概念是通过双向锚定,实现主链和侧链之间的价值转移。侧链的目的是扩展主链的功能和性能。侧链的本质是先在主链上锁定一部分比特币(或以太坊),在侧链上操作货币,操作周期结束后在主链上进行结算。为了解决区块链之间的信任问题,区块链之间的交易数据验证可以通过公证机制或区块头来进行。分布式智能技术指的是将区块链、人工智能和边缘计算融合起来,用于扩展区块链的智能分析能力。比如,在区块链中引入人工智能算法形成联邦学习系统,从而提供高效的数据共享和计算能力。价值互联网构建指的是,通过研究价值互联网与区块链的概念和配置映射,来搭建基于区块链的价值互联网模型,实现互联网信息的可信共享、确权溯源和价值传递。

  区块链在中国的发展因政策视角的演变在不同时期有不同的侧重点。图 2-4 显示了中央单位关于区块链政策的视角演变,分为区块链技术、产业应用和产业监管三个时期。

图 2-4　中央单位关于区块链的政策视角演变

　　在第一个时期,区块链的发展集中在技术的标准化和与人工智能的创新融合方面,具体政策内容包括:2016 年 10 月,工业和信息化部在《中国区块链技术和应用发展白皮书(2016)》中介绍中国区块链技术的发展路线及未来区块链技术的标准化方向和进程;2016 年 12 月,《国务院"十三五"国家信息化规划的通知》将"区块链"作为战略性前沿技术写入规划;2017 年 7 月,国务院《关于新一代人工智能发展规划的通知》提出促进区块链技术与人工智能的融合,建立新型社会信任体系;2018 年 6 月,工业和信息化部《工业互联网行动发展计划(2018—2020 年)》鼓励推进边缘计算、深度学习、区块链等新兴前沿技术在工业互联网的应用研究。

　　在第二个时期,区块链的发展集中在区块链技术的产业应用,具体的政策内容包括:2017 年 10 月,《国务院办公厅关于积极推进供应链创新与应用的指导意见》提出,要研究利用区块链、人工智能等新兴技术,建立基于区块链的信用评价体制;2018 年 2 月,《工业和信息化部关于组织开展信息消费试点示范项目申报工作的通知》提出,要积极探索利用区块链开展信息物流全程监测的技术,推进物流信息消费降本增效;2018 年 4 月,《教育部关于印发〈教育信息化 2.0 行动计划〉的通知》提出,积极探索基于区块链、大数据等新技术的智能学习效果记录、转移、交换和认证等有效方式,推进信息技术和智能技术深度融入教育教学全程。

　　在第三个时期,区块链的发展集中在区块链技术的产业监管,具体的政策内容包括:2017 年 9 月,《中国人民银行 中央网信办 工业和信息化部 工商总局 银监会 证监会 保监会关于防范代币发行融资风险的公告》,要求即日停止各类代币的发行;2019 年 1 月,国家互联网信息办公室发布《区块链信息服务管理规定》,要求区块链信息服务提供者和使用者不得利用区块链信息服务从事危害国家安全、侵犯他人合法权益等活动。

第二节 区块链的基本概念

一、区块链定义

目前区块链没有一个统一的定义。根据工业和信息化部指导发布的《区块链技术和应用发展白皮书(2016)》的解释:狭义上,区块链是一种在对等网络下通过透明和可信规则,按照时间顺序构造的一种块链式数据结构,并以密码学方式保证数据的不可篡改和不可伪造;广义上,区块链是一种分布式技术架构与计算模式,涉及密码学、经济学、数学等多个学科的理论基础,通过特定数据结构、共识算法、激励机制、智能合约和安全设计实现一个去中介化的、多方参与的可信分布式自治系统。

区块链是分布式账本技术的一种形式,与其他类型分布式账本的主要差别在于区块链的链式数据结构和密码签名。一方面,区块链上的数据被分组并以"块"的形式组织起来,这些"块"按照时间顺序依次连接形成一条链,如图 2-5 所示。区块链是一个分布式账本,可以在没有中央服务器的管理下运行,并且可以通过数据库复制和信任计算来维护其数据质量。另一方面,区块链使用密码学技术对其进行安全保护。具体地说,区块链在每个区块头中存储上一个区块数据的 hash 散列的同时,将当前区块数据的 hash 散列存储在下一个区块头中,如图 2-6 所示。因此,任何一个区块数据的篡改都会导致后续所有区块都不能识别该区块,从而阻止了区块链数据的篡改和伪造。

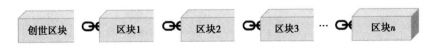

图 2-5 区块链的块链式数据结构

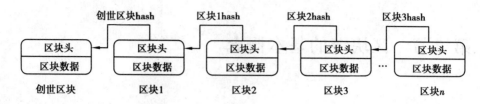

图 2-6 区块链的 hash 链式数据结构

区块链中的重要概念包括区块链、交易、区块和账户。如果把区块链看作是一个对等网络中的分布式账本,交易就是对账本的每一个查询或更新操作。图 2-7 显示了比特币中的交易数据结构,图 2-8 显示了以太坊中的交易数据结

图 2-7 比特币中的交易数据结构

图 2-8　以太坊中的交易数据结构

构。不同区块链的交易数据结构存在一定差异,比如以太坊交易比比特币交易多了"Gas"字段,用于限制每笔交易的最大开销和防止交易处理逻辑进入死循环。总的来说,一个区块链交易一般包括了 9 个字段:

- 交易 hash;
- 所在区块;
- 交易时间;
- 交易费用;
- 交易确认数;
- 区块 hash;
- 交易发起者;
- 交易接收者;
- 交易金额。

区块是区块链中存储数据的计量单位。比特币设置每个区块的大小为不超过 1 MB,并且最多只能存储 1 000 笔交易,新的交易需要等到下一个区块被挖出来才能被记录到区块链中,从而确认交易。以太坊的区块大小没有限制,但每个区块的 gas 是有上限的,每个区块耗完对应的 gas 后就不能再写入数据了。通过区块链浏览器可查看每个区块大小和每个区块中的交易数量,如图2-9 和图 2-10 所示。此外,经测试,目前比特币生成一个区块大约需要 10 分钟,而以太坊生成一个区块大约只需要 15 秒,速度约为比特币的1/40。由于以太坊区块的容量没有限制且出块速度快,因此,以太坊交易的处理速度远远超过比特币。

图 2-9　比特币中的区块数据结构

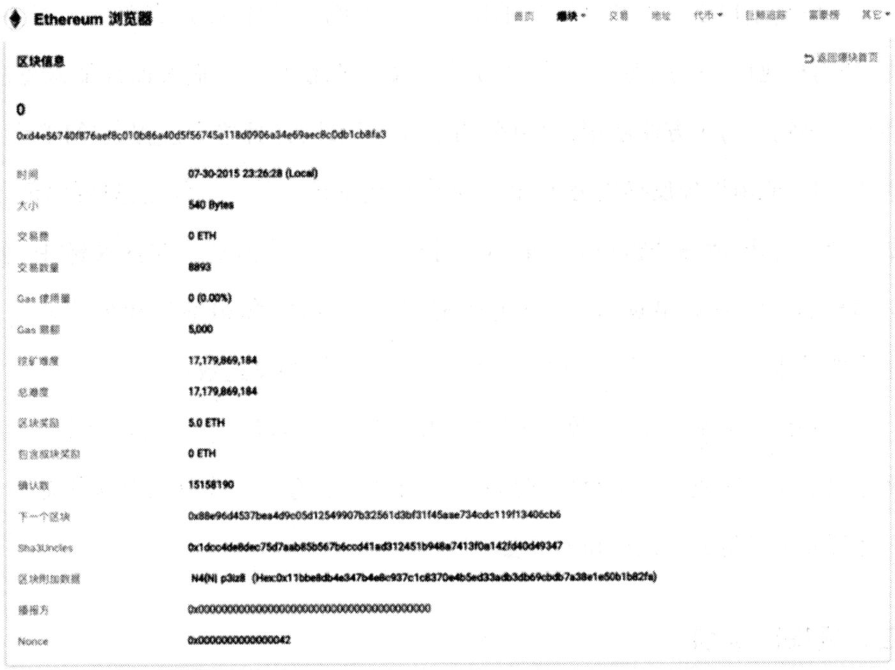

（a）

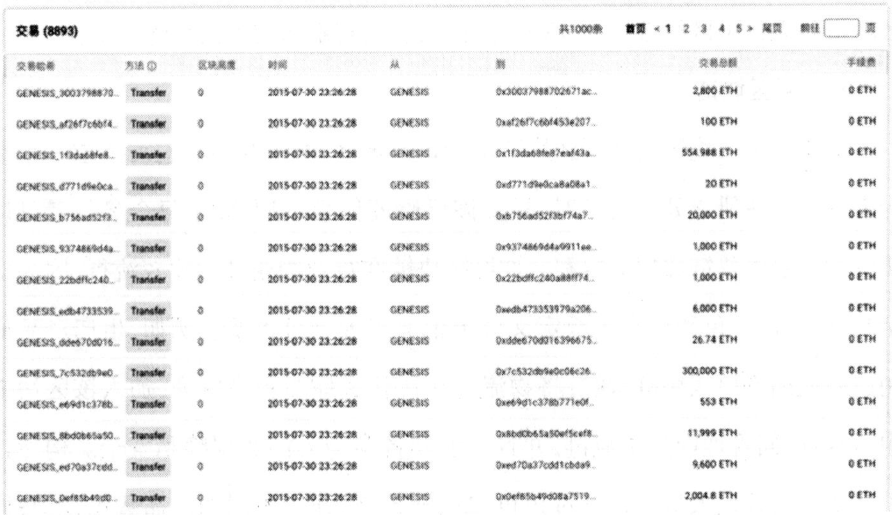

（b）

图 2-10　以太坊中的区块数据结构

区块链账户是一种新型记账单位。简单来说,区块链账户有 3 大要素:私钥、公钥和地址。一般而言,私钥通过随机数生成,随后基于椭圆曲线加密算法推导出公钥。为了方便使用,再由公钥推导出地址,并且这个过程是单向不可逆的,即不能由地址反推出公钥,也不能由公钥反推出私钥。因此,只要保证了私钥的不公开,泄漏公钥和地址都不会对账户产生安全威胁。在区块链中,公钥和私钥一般成对出现,比如公钥加密和私钥解密,私钥签名和公钥验证。账户地址指示了一个用户标识,一般用于接收数据和发送数据。

区块链的基本工作原理就是账户在由多个主机组成的分布式系统中,实现互相通信和以区块为单位存储交易记录,每个主机存储一个区块链账本副本,以保证交易信息的一致性和不可篡改性。

二、区块链类别

区块链按是否有准入控制(许可控制),可以分为两种类型的区块链:许可区块链和无许可区块链。不同种类的区块链具有不同的特征和优缺点。

1.许可区块链

如果一个区块链是许可区块链(Permissioned Blockchain),它可要求一个参与者在登录注册或处理交易时,提交许可验证信息,以便赋予每个参与者可以访问和记录区块链数据的权利。许可区块链在行业级企业中比较流行,因为安全控制、身份角色和权限等级定义对于企业来说十分重要。例如,生产产品的制造商使用许可区块链,通过将物流合作伙伴和原材料供应商,加入该区块链中,可以协同管理产品供应链,并且不泄露各参与方的数据隐私安全。构建许可区块链的开发人员可以通过角色和权限定义,开放不同的产品数据视图;同样地,构建许可区块链的开发人员也可以开放一些关于产品基本信息的数据视图供所有参与者阅读,比如库存信息、成交量和产品建议价格等。许可区块链通过在联盟企业间共享部分信息,可以提高企业合作多方的协同管理能力。

2.无许可区块链

一个区块链是无许可区块链(Permissionless Blockchain),在这个区块链中,每个参与者都拥有可以提交和验证交易的权利,而没有特殊许可要求。无许可区块链作为一种分布式账本,因其公开透明、去中心化、不可篡改等特点受到广泛关注。目前,无许可区块链在加密货币、物联网(IoT)和车载 Ad-Hoc 网络(VANET)等诸多领域都展现出了良好的应用前景。

毛球科技公司分析了许可区块链和无许可区块链的主要特征和优缺点,见表 2-1。总的来说,许可区块链仅允许被授权实体作为共识节点来访问和操作区块链中的数据;不同的是,无许可区块链允许每个实体自由加入和离开。与许可区块链相比,无许可区块链面临更多隐私安全问题。首先,对于无许可区块链而言,虽然其开放性和透明度都有助于提高其信任度,但交易内容的披露可能会导致至关重要的隐私被泄露,尤其是在移动众包(MCS)和物联网等应用场景中,交易内容可能包含用户的敏感信息,比如家庭地址、电话等;其次,除了直接泄露隐私外,攻击者还可以通过账户 ID 跟踪用户的交易,分析交易规则和推测用户身份,从而间接泄露用户隐私;更糟糕的是,无许可区块链的透明性可能会导致用户数据的滥用,例如有竞争力的企业或个人可以采集和售卖用户的敏感信息(如用户习惯等)并从中受益。因此,无许可区块链面临着更大的隐私风险,监管部门未来可能会限制其实际应用。

表 2-1　许可区块链和无许可区块链的主要特征和优缺点

	主要特征	优点	缺点
许可区块链	1.根据参与组织的目标控制透明度 2.私人实体的开发 3.缺乏匿名性 4.缺乏中央权威,由私人团体授权决策	1.去中心化可以是增量的,这允许多个企业参与而没有高度中心化模型的风险 2.隐私性强,访问交易信息需要许可 3.特定用途的可定制性,因为它允许不同的配置、模块化组件和混合集成 4.性能和可扩展性高,因为管理交易验证和共识的节点更少	1.腐败和勾结的风险增加 2.共识更容易被覆盖,因为共识节点较少 3.由于参与者数量有限且网络运营商的隐私保护,故不利于外部监督
无许可区块链	1.交易完全透明 2.开源开发 3.匿名,但有一些例外 4.缺乏中央权威 5.大量使用代币和其他数字资产作为参与激励	1.广泛扩展了参与者的访问权限 2.高度透明 3.由于广泛的可访问性以及跨地区和国籍的参与,对审查制度有一定的抵制 4.安全性强,攻击者无法针对单个存储库,并且很难破坏51%的网络	1.由于全网交易验证的资源密集性,故交易处理效率低下 2.由于此验证过程会对计算资源造成压力从而导致性能和可扩展性降低 3.更少的隐私和用户对信息的控制

三、区块链价值

随着区块链技术的发展,区块链的功能特性和战略价值已经不再局限于金融工具。从短期来看,区块链的战略价值主要在于降低成本;从长期来看,区块链的战略价值主要在于构建一个新的可信商业模式。

区块链最初影响主要是提高效率和降低成本。在传统中心化架构模式中,企业、政府或组织的数据存储在各自的服务器中,这导致数据是孤立的、不透明的。使用区块链基础设施来构建数据的共享平台,可以简化数据的核实步骤,增强跨平台数据的交互性,从而提高多企业协作业务的处理效率,即降低业务处理和数据共享的成本。比如,基于区块链的医疗记录管理,不仅有利于提高病情诊断的效率,还有利于研究人员对复杂病例的追踪研究。

从长远来看,区块链有利于促进构建一个新型的可信商业模式。随着时间的推移,区块链的价值将从推动降低成本转向启用全新的商业模式。最有希望和最具变革性的用例之一是创建一个分布式的、安全的信任体制系统——既适用于用户身份验证、信用评估,也适用于商业自治性监管和数据隐私保护。然而,由于目前在技术实施和政策法规方面的可行性,利用区块链创造新商业模式还有很长的一段路要走。

区块链对公司具有战略价值,因为它既可以在去中介的情况下降低成本,也可以在一段较长时间内创造新的商业模式。现有的数字基础设施和区块链为服务产品的增长降低了实验成本,许多公司正在进行尝试基于区块链的商业模式升级,比如趣链区块链是成都高新区开发的一个城市数字化公共安全管理平台——唯信 VeTrust、南京-D-Health 全球数字医疗链、百度区块链广告监播项目和蚂蚁链农村综合产权交易平台。然而,每个行业区块链的可行性主要还是取决于行业资产类型、区块链技术成熟度、行业相关标准、监管政策和产业生态系统。因此,以务实的怀疑态度评估这些因素对区块链可行性的影响,可以缩小区块链用例的选择范围从而保证区块链解决的是行业痛点问题,以便于企业能够在短期内便获得价值回报。

第三节 区块链的技术架构

一般认为区块链的技术架构可以分为 6 层,即数据层、网络层、共识层、激励层、合约层和应用层。图 2-11 展示了区块链的 6 层技术架构。

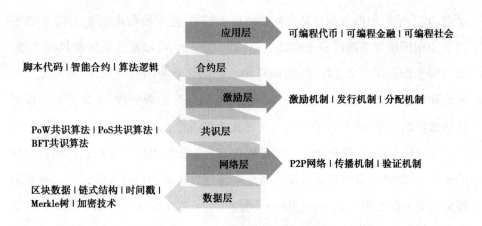

图 2-11　区块链的 6 层技术架构

一、数据层

数据层(Data Layer)定义了区块链的数据结构,用于维护区块链状态和交易历史。区块链是一串通过 hash 值连接的数据区块,在这里,每个区块包含区块头和区块体两个部分(图 2-12)。通用的区块头由 3 组区块元数据组成:第一组元数据包括其父区块的 hash 值;第二组元数据与挖矿竞争相关,一般包括挖矿难度、时间戳和一个随机数 Nonce;第三组元数据是 Merkle 树根,用来保证一个区块体中所有交易详情的完整性。

区块体部分主要存储交易详情。为了提供快速的 hash 验证和高昂的篡改成本,主流区块链系统均采用一棵 Merkle Hash Tree(MHT)或 MHT 变体进行交易存储。图 2-13 展示了常见的几种 MHT 变体树结构。

(1)MHT

MHT 是一种自底向上构建的二权或多权树结构,每个节点表示为 $node = hash \sum_i (node.children(i).hash)$。MHT 叶子节点存储的是交易内容或索引;中间节点存储其孩子节点数据的 hash 值;根节点存储的是最终的 hash 值。MHT 使每个交易集对应一个唯一的根 hash。如果要验证一个交易仅需读取从该交易到根节点的分支路径即可。

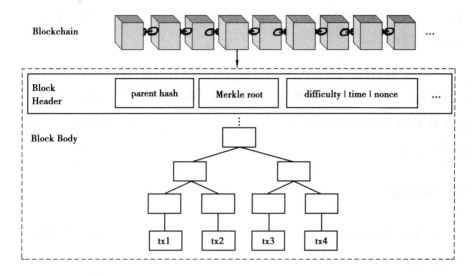

图 2-12　区块链的区块数据结构

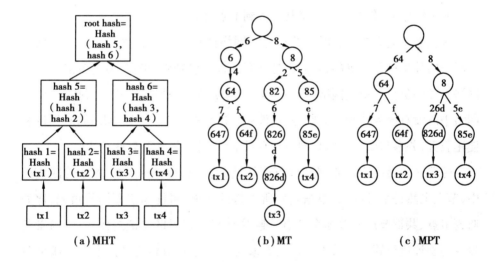

（a）MHT　　　　　　（b）MT　　　　　　（c）MPT

图 2-13　区块链的交易树数据结构

（2）Merkle Trie（MT）

Merkle Trie（MT）是前缀树与 MHT 的结合体，表示为 MT = [n_1, …, n_m, value]，其中n_1, …, n_m代表 key 的字符串（通常为二进制或十六进制），value 是该 key 对应的交易内容。MT 采用自顶向下的方式构建，节点通过存储字符串的公共前缀来最大限度地避免无谓的字符串比较和减少查询时间（相比

MHT)。MT 的"Merkle"指的是对每个节点的内容进行 hash 转换,记为 key = hash(n_i)。

（3）Merkle Patricia Tree（MPT）

Merkle Patricia Tree（MPT）是紧凑的 MT。对于 MPT 的每个节点,如果该节点没有兄弟节点,则将其与父节点合并为一个新节点,表示为$node_{new}$ = merge（$node_{parent}$,node）。

二、网络层

网络层（Network Layer）定义了区块链交易/区块的传播机制,用于完成以下服务功能：

- 布告栏服务:收集广播信息,验证信息的合法性,并发布到区块链网络。
- 中继服务:传播交易并将其发布到节点之间。

区块链是建立在互联网上的点对点网络体系结构。点对点或 P2P 是指参与网络的计算机是对等的,它们都是平等的,没有"特殊"节点,所有节点都分担网络服务的负担。所述网络节点在 Mesh 网络中以平坦的方式进行拓扑互连。网络中既没有服务器和中央服务,也没有层次结构。对等 P2P 网络同时提供和使用服务,并参与激励。P2P 网络具有灵活性、分散性和开放性等特征。

随着区块链应用的发展和许可区块链的提出,在基于 P2P 网络的区块链中,节点虽然是平等的,但根据它们所支持的功能,可能承担不同的角色,比如监管节点、共识节点和普通全节点。监管节点负责对区块链的接入、参与者的授权与验证进行管理。共识节点负责参与区块链共识和交易排序。普通全节点仅负责区块链账本数据的同步。所有节点都参与区块链账本数据的同步和网络的路由功能,可以传播事务和区块,并发现和维护与点对点节点的连接。

当一个新节点启动时,它必须通过在网络中找到至少一个现有节点,并连接到它来参与区块链。因为区块链网络的拓扑结构不是基于地理位置定义的。因此,新节点可以随机选择区块链网络中的任何现有节点。当区块链是许可区块链时,新节点必须先提交登入申请,然后由成员准入控制模块签发证书。接着,新节点申请监管节点的身份验证,通过验证后,新节点才可以参与到区块链的 P2P 网络中。

三、共识层

共识层(Consensus Layer)的作用是让所有节点对区块链系统中的区块链内容达成一致。如果将一个区块附加到区块链,其他节点也会在需要时将相同的区块附加到它们的区块链账本副本中。因此,区块链系统中的参与者节点具有相同的共识,即其分类账在区块链全网中既一致又准确。

目前,最广泛使用的共识算法是工作量证明(PoW)共识算法、权益证明(PoS)共识算法和拜占庭共识(BFT)共识算法,以及其他混合实现的共识算法。工作量证明 (PoW)是由中本聪引入并应用于比特币的,是最著名的共识方法。打包节点计算一个值(nonce),以便拼接交易数据后内容的 hash 值(以 16 进制的形式表示)是以"0000"开头的。打包节点成功找到满意的 hash 值后,立即将打包区块广播到整个网络,并且网络节点将在接收到广播的打包区块后,立即对其进行验证。如果验证通过,则意味着打包节点已成功解决难题,网络其他节点将不再竞争当前区块打包,而是选择接受此区块并将其记录在自己的账本中,然后对下一个区块执行 hash 值计算竞争。只有网络中速度最快的区块才会添加到分类账,其他节点将复制它,从而确保整个分类账的唯一性。

在工作量证明之后,区块链技术中下一个常见的共识算法是权益证明(PoS)。工作量证明系统中的主要问题,例如能源效率低下,是创建权益证明的原因。PoS 算法基于这样的思想,即下一个块的创建者应该通过随机选择、其他的股份供应和年龄的各种组合来选择,从而提供良好的可扩展性。这个想法是在 2011 年为 Peercoin 加密货币引入的,之后被用于 Nxt 和 Blackcoin 等其他加密货币。用于打包下一个区块的选定节点将通过准随机过程进行选择,其中选择取决于存储在与该节点相关的钱包(或股票池)中的资产。这种方法不需要高计算能力来验证任何证明,因此"矿工"除了交易费用外不会获得任何奖励。虽然这种方法不需要工作量证明的计算能力,但它强烈依赖于拥有最多权益的节点,并且区块链会以某种方式变得中心化。

拜占庭共识(BFT)方法用于解决拜占庭容错问题,即在某些节点可能出现故障或不诚实行为的情况下,分布式计算机节点网络如何就决策达成一致。在这种方法中,所有节点都必须参与投票过程才能添加下一个区块,并在超过 2/3 的节点对该区块有好感时达成共识。BFT 可以正常承受 1/3 错误的行为。例如,在一个带有 4 个节点的系统中,至少有 3 个节点必须达成一致才能形成共识;否则,将无法达成一致和共识。这样,与工作量证明相比,达成共识的速度更快,也更经济。此外,与权益证明不同的是,这种方法不需要任何资产用于共识过程。

四、激励层

激励层(Actuator Layer)定义了激励机制和分配制度,在区块链中一般指挖矿奖励。通过奖励一部分数字资产从而激励矿工去验证交易信息,并维持挖矿活动以及区块链账本更新的持续进行;另外,还会制定一些相关制度,奖惩分明,激励记账节点,惩罚恶意节点。西南政法大学经济法学院胡元聪教授指出:"区块链技术虽然是集成性的创新技术,但其运用代码创设的共识机制、算法机制和激励机制等具有法律制度的基本属性和功能。区块链技术激励机制的制度价值包括效益价值、安全价值、秩序价值、自由价值和人权价值。"

区块链技术激励机制的效益价值是个人价值与社会价值的结合,真正将个人价值贡献与社会价值效益绑定在一起。比如在比特币区块链中,"矿工"通过竞争记账权获得比特币奖励的同时,也促进了比特币的不断发行和比特币账本的维护。在以太坊区块链中,"矿工"可以通过竞争记账权赚取交易手续费,在贡献自己的计算机算力时完成交易的记录和验证。正是因为有了激励机制,"矿工"们才有了驱动力辛苦工作。

区块链技术激励机制的安全价值体现在制度的透明性和公平性。不同于第三方激励机制,区块链的激励制度和规则是全网公开透明的,并通过程序代码自动化结算"矿工"的赏金而不受人为干预。因此,各参与方能够清楚地了解激励规则和评估自己的赏金,而不被中间商赚差价或欺骗。区块链技术激励机制的公平性体现在机会公平和竞争公平。在区块链中,人人都有机会挖"矿",只要他们符合区块链的权限要求和竞争到记账权。区块链技术激励机制的竞争公平指的是竞争节点比拼,是预先设置好的公众认可的东西,比如计算机算力和账户资产。

区块链技术激励机制的秩序价值指的是区块链构建的是一个分布式的、反垄断的可信制度体系。在这个可信制度体系中,不需要银行背书,没有权威机构的垄断,也不需要中间媒介的信任,所有协议条款、激励机制都是公开透明的。此外,作恶节点作弊的成本极高,因为根据区块链技术规则,一个作恶节点想要篡改数据,那它必须具备超过全网51%的计算力或资产储备。

区块链技术激励机制的自由价值,指的是每个节点具有加入和退出记账竞争的权利。对于无许可区块链,每个节点都可以自由加入或者退出网络,参与区块链数据的读写、交易的执行和验证,还可以参与区块链挖"矿",即制作可以添加到主链上的区块。在许可区块链中,存在一些监管节点负责参与成员的授权、验证和管理,但监管规则是预先设置好的,并且是公开透明的。此外,监管节点并不具备查看普通节点数据的能力,即进一步掌握个人行踪和随意侵犯个人自由;也不具备篡改激励机制规则的能力,从而为自己的贡献谋取额外的利益或损害普通节点的权益。

区块链技术激励机制的人权价值主要指的是个人对私有财产占有权的保护。著名英国哲学家约翰·洛克(John Locke)认为,"人类天生都是自由平等和独立的……任何人都不得侵害他人的生命、健康、自由或财产。"根据区块链技术激励机制,每个记账的节点都能获得相应的奖励,这既是对个人价值贡献的认可,也是对个人利益应得权的保护。此外,得益于激励机制,越来越多的节点有动力参与记账,进而能更好地保护个人和他人的数字财产安全。

五、合约层

合约层(Contract Layer)主要是脚本代码和算法,它们被封装为区块链系统的智能合约。智能概念的概念是由 Nick Szabo 在 1994 年提出的,他将其定义为执行合同条款的计算机化交易协议。据他介绍,合同条款(抵押、担保、产权界定等)应编码并嵌入所需的硬件和软件中。这有助于最大限度地减少任何受信任的第三方使用智能合约进行通信的要求,同时使系统免受任何恶意攻击。在基于区块链的智能合约的情况下,合约只不过是驻留在区块链上的脚本,它具有执行它们的能力。人们可以通过使用区块链技术分配给它的唯一地址来触发对智能合约的交易。假设客户想出售自己的房子或将自己的公寓出租给某人,那么他可以简单地在现有的区块链网络中部署智能合约。有关财产的信息可以存储在区块链中,属于该网络的任何人都可以访问这些信息,但他们不能更改它。通过这种方式,客户无须任何第三方即可为您的房产找到买家或承租人。对于广泛的潜在应用,基于区块链的智能合约可以提供许多好处:

- 速度和实时更新。
- 准确性。
- 降低执行风险。
- 更少的中介。
- 更低的花费。
- 新的业务或运营模式。

智能合约是在区块链系统中执行程序的一部分,它可以用于不同的领域以消除第三方交易以及使系统自动化。比如,智能合约与物流区块链结合可以使供应链更加透明,有助于顺畅货物流动并恢复贸易信任;基于区块链技术的智能家居、智慧城市、智能交通、智能环境监控等应用将使物联网设备处理事务变得更加主动;使用基于智能合约的版权系统,通过使用区块链系统中的所有权来保证版税归属的实际接收者并自动完成结算。使用区块链技术可使基于智能合约的保险系统简化索赔流程，使一切变得透明、安全，并且无须第三方干预。

智能合约提供自动的、确定性的程序单元，以某种方式处理各种模块并触发相应的事件。但目前智能合约应用仍处于早期阶段，一些问题需要解决，例如可扩展性、灵活性和隐私问题，因为代码在网络中公开可用，它可能不适合某些应用程序。

六、应用层

应用层（Application Layer）主要是关于金融、医疗保健和社会的可编程应用程序。学术界的研究人员和工业界的开发人员正在调查和探索如何使用区块链技术构建下一代应用程序。工业应用领域包括但不限于数字货币、国际支付、登记、政府身份和税收管理、物联网（IoT）识别和安全管理以及供应链。此外，还有各种学术工作利用区块链来解决不同领域的问题，比如基于区块链的个人数据管理系统、基于区块链的移动分析应用程序和为云端数据分析提供数据来源信息。对于开发者来说，只要了解区块链的基本原理以及如何使用区块链平台，并且能够对应用层进行合理规划，就可以将区块链技术应用到各行各业。

区块链是一门新兴的分布式账本技术，在区块链应用程序开发中还具有如下挑战需要进行进一步的研究和解决：

（1）密钥管理

区块链上的身份验证是通过数字签名实现的。但是，区块链不提供任何机制来恢复丢失或受损的私钥。丢失密钥会导致永久失去对账户和对应智能合约的控制权。

（2）可扩展性

区块链的存储能力有限,因为它包含区块链网络所有参与者的所有交易的完整历史记录。因此,区块链的规模不断扩大。不断扩大的区块链规模是对区块链上存储数据的挑战。此外,由于受网络控制的区块链块的大小有限,在交易中存储大量数据或部署大型智能合约是不可能的。

（3）交易性能

区块链专为在没有受信任方和中央管理的情况下使用而设计。由于区块链固有的分布式和点对点性质,基于区块链的交易只有在各方更新各自的账本时才能完成,这可能是一个漫长的过程。因此,区块链的实施成本高昂。例如,比特币和以太坊的吞吐量分别仅为 4 TPS 和 20 TPS,而传统的现金支付系统 Visa 和 PayPal 的平均吞吐量分别为 1 667 TPS 和 193 TPS。

第四节　区块链的应用案例

区块链的概念最初与比特币和其他加密货币联系在一起。随着信息技术和区块链技术的发展,区块链可能被应用到更广泛的领域。区块链技术的几个应用案例如下所述。

一、腾讯"公益寻人链"

区块链本质上是一个由 Peer-to-Peer 网络运行维护的公共账本,自带信息共享和防篡改的功能。腾讯寻人团队结合区块链技术和国际上成熟的寻人协议（PFTF）构建了"公益寻人链"。"公益寻人链"通过区块链技术将社交平台和各家公益平台互联互通,发布消息的人只需要使用该链上任何一个平台报案,报案消息就能立马广播到该链上所有其他平台,从而保证了消息发布的及时性。此外,由于区块链的数字身份验证特征和数据防篡改特征,"公益寻人链"

保证了报案信息的真实性和完整性,这为蓄意扰乱公安秩序、浪费公益平台资源和诈骗信息发布提供了证据溯源技术,能有效维护"公益寻人"工作的正常开展。

2019年4月,警方在"公益寻人链"的帮助下通过区块链技术和人脸识别技术将失踪10年的"小耗子"寻回。目前,"腾讯志愿者"旗下已有8个公益寻人平台应用了"公益寻人链",包括"手机管家小管寻人""404寻亲广告""广点通寻人""QQ全城助力""管家寻人""优图寻人""朋友圈广告寻人""微信小程序寻人"等。借鉴区块链在"公益寻人链"的丰富应用经验,区块链技术有望被应用到更大规模的慈善公益领域,用于提高公益筹款去向的透明度和全程追踪公益数据记录。

二、司法联盟链"天平链"

区块链为每个申请人生成一个唯一hash值,可用于区块链ID和数字身份证;为每一个存证信息加上时间戳和数字签名,可用于证件的时间和所有权验证;去中心化存储、身份验证和防篡改特征提高了鉴权信息的可靠性。北京互联网法院基于区块链技术推出了"区块链+司法"的联盟链"天平链"。"天平链"将司法机构作为区块链节点,并通过区块链赋能提高司法机构的跨平台数据共享、数据可追溯以及联合数据分析等能力,从而有效提升司法机构的司法协同效率及信息服务能力。

目前,"天平链"已接入21个司法机构节点,完成版权、著作权、互联网金融等9类应用对接,上链电子数据超过7 000万条,跨链存证数据量已达数亿条。此外,"天平链"还构建了完整的证据规范体系,并通过与软件服务相结合,实现对数据源可信认证、系统接入技术安全、证据合规性审查、业务规则审查、系统管理规范等的综合治理。

三、数字物流"蚂蚁链"

商品特别是跨境购物,从生产商到消费者手中需要经历多个环节,这给假货替换提供了机会。区块链采用 Peer-to-Peer 网络结构,单节点无法篡改和伪造数据,大大提高了物流信息的安全性。蚂蚁集团通过融合区块链、分布式数字身份、可信计算、智能风控等技术构建了一个数字物流解决方案"蚂蚁链"。"蚂蚁链"有助于运输产业上下游参与者更好地获得金融、监管机构和客户的信任,适用于公路货运、航运、多式联运等多种物流及供应链服务场景。

从 2016—2020 年,蚂蚁链连续四年位居全球区块链专利申请数第一,技术上已经能够支持 10 亿账户规模,同时能够支持每日 10 亿交易量,实现每秒 10 万笔跨链信息处理能力。"蚂蚁链"坚持开放生态,与合作伙伴共建共享区块链产业带来的价值互联红利。在实际应用上,"蚂蚁链"已携手生态合作伙伴,解决了 50 余个场景的信任难题,包括跨境支付、电子票据归集和验查、电子发票开具和物流数据共享。

四、跨境支付

跨境支付涉及多种币种及其间的换算汇率问题,业务处理速度慢,手续费高。区块链技术提供了安全可信的交易支付环境,改进了传统中心化的跨境支付模式,实现了点对点的跨境支付结算模式。点对点支付技术公司 Circle 致力于通过比特币网络的区块链技术实现简单、高效和便宜的跨境资金转移。Circle 研究的内容主要包括基于区块链技术的货币兑换、全球社会支付及零手续费的转账和收付款。

2015 年 9 月,Circle 收到了纽约州金融服务部颁发的第一个数字货币许可证(Bit License)。2016 年 4 月,Circle 收到了英国金融行为监管局(FCA)颁发的第一个虚拟货币牌照。目前,Circle 推出的 C2C 跨境支付平台已经在 150 多个国家开展了服务,年交易金额达 10 亿美元。

【本章小结】

1.区块链,起源于比特币,最初应用于加密数字货币的发行和交易。随着区块链技术的发展,区块链将不再局限于数字货币的商业模式,而是转向金融、教育、医疗、政府、供应链和慈善等更多的应用场景。

2.区块链,是分布式账本技术的一种形式,与其他类型分布式账本的主要差别在于区块链的链式数据结构和密码签名。一方面,区块链上的数据被分组并以块的形式按照时间顺序依次连接形成了一条链;另一方面,区块链使用密码学技术对其进行安全保护。

3.区块链价值,最初影响主要是提高效率和降低成本;长远来看,区块链有潜力促进和构建一个新型的可信商业模式。

4.区块链分类,区块链按是否有准入控制(许可控制)可以分为两种类型:许可区块链和无许可区块链。

5.区块链共识的作用是让所有节点对区块链系统中的区块链内容达成一致。目前,最广泛使用的共识算法是工作量证明(PoW)共识算法、权益证明(PoS)共识算法和拜占庭(BFT)共识算法,以及其他混合实现的共识策略。

6.智能合约,是在区块链系统中执行的程序的一部分,它可以用于不同的领域来消除第三方交易以及使系统自动化。

7.区块链的技术架构分为数据层、网络层、共识层、激励层、合约层和应用层等共6层。

8.区块链的功能特性和战略价值已经超越了金融工具。从短期来看,区块链的战略价值主要在于降低成本;从长期来看,区块链的战略价值主要在于构建一个新的可信商业模式。

9.区块链具有分布式、公开透明、低成本和去信任的优势,特别适合于构建可编程的货币系统、金融系统和去中心化社区系统。

10.区块链技术目前尚未成熟,在区块链应用程序开发中还具有若干挑战需要进行进一步的研究和解决。

【专业术语解释】

区块链　　　　分布式账本　　　智能合约　　　　　共识机制

许可区块链　　无许可区块链　　工作量证明（PoW）　权益证明（PoS）

对称加密　　　非对称加密

【本章习题】

1.区块链是什么？说明区块链的基本工作原理。

2.分布式账本是什么？说明区块链与分布式账本的关系。

3.区块链的技术架构有几层？分别是什么？

4.区块链价值在短期和长期来看有什么不同？

5.未来区块链研究的挑战是什么？

【进一步阅读资料及相关链接】

1.区块链浏览器

2.比特币社区

3.比特币开源代码

4.比特币白皮书

5.以太坊白皮书

6.Fabric 白皮书

7.关于 b-money 的讨论

8.2021 年区块链发展白皮书

9.腾讯公益

10.司法联盟链"天平链"

11.蚂蚁集团"蚂蚁链"

12.Circle 的 C2C 跨境支付平台

第三章

大数据

第一节　大数据的起源与发展

一、大数据的起源

"大数据"(Big Data)是一个抽象概念,最早的提出者现已不可考,大约从2009年开始成为互联网信息技术行业的流行词汇。大数据是信息科技发展的产物,自计算机发明以来,大量数据以极快的速度产生。国际IT公司(IDC)的监测数据显示:2013年全球大数据储量为4.3 ZB(相当于47.24亿个1 TB容量的移动硬盘);2014年和2015年全球大数据储量分别为6.6 ZB和8.6 ZB;2016年和2017年全球大数据储量分别为16.1 ZB和21.6 ZB;2018年全球大数据储量达到33 ZB;2019年全球大数据储量达到41 ZB。根据全球知名数据提供商Statista的数据统计,截至2020年底,全球大数据储量约为47 ZB。《数据时代2025》报告显示,全球每年产生的数据将从2018年的33 ZB增长到2025年的175 ZB,相当于每天产生491 EB的数据。

物联网(IoT)、自我量化、多媒体和社交媒体数据是大数据主要应用程序的来源。物联网数据由GPS设备、智能/智能汽车、移动计算设备、PDA、手机、智能服装、警报器、百叶窗、窗户传感器、照明和加热装置、冰箱、微波炉、洗衣机等产生。惠普预测,到2030年底,传感器数量将达到1万亿个;届时,物联网数据将成为大数据。自我量化数据是由个人通过量化个人行为产生的,比如运动监测、血压测量等。这种类型的数据有助于在行为和心理学之间建立联系。多媒体数据是由各种应用软件或电子设备生成的,例如文本、图形、图像、音频和视频。多媒体数据的增长速度非常快,因为每个连接到互联网的个人都会生成多媒体数据。社交媒体数据由LinkedIn、YouTube、Google、Apple、Brands、Tumblr、Instagram、Flickr、Foursquare、WordPress等社交平台生成。

硬件设备的进步提供了大数据储存的物质基础。信息本身没有物理形态，只有经过硬件设备的承载才能进行存储、传递和共享。目前主流的用于数据存储的硬件设备包括软盘、硬盘、光盘和半导体存储器。软盘和硬盘都属于磁盘，可以利用磁场和磁感效应来读写二进制数据。磁盘存储容量大、价格低、适合长期保存。光盘利用激光读写信息，优点是密度高、容量大、适用于位存储。光盘主要用于音频和视频存储。半导体存储器利用半导体存储器件读写数据，根据功能可以分为随机存取存储器（RAM）和只读存储器（ROM）。

数据通信的进步提供了大数据流通的技术基础。数据通信通过传输信道将数据终端与计算机连结起来，而使不同地点的数据终端实现软、硬件和信息资源的共享。数据通信分为有线数据通信与无线数据通信。如图3-1所示，有线数据通信是指利用金属导线、光纤等有形媒介传送信息的方式。有线数据通信具有可靠、方便、快速等优点，但无法在飞机和船舶等移动物体间进行通信联系。如图3-2所示，无线数据通信是指仅利用电磁波而不通过线缆传送信息的方式。无线数据通信信号由无线发射基地以电磁波的形式放出，然后由无线电接收器接收，并转换成声音、文字符号和图像。无线数据通信适用于移动设备间的信息传送。

云计算将原本分散的数据集中在数据中心，为庞大数据的处理和分析提供了技术支持。云计算最重要的核心是大规模数据检索和处理技术。以空间查询应用为例：首先，连接到智能终端或物联网设备的传感器，用来收集位置信息或周围数据信息；然后，传感器通过无线网络将这些数据信息传输到云数据中心或服务器集群；最后，云计算系统凭借强大的分布数据分析能力和快速查询计算能力，返回空间查询结果。与传统的检索方法相比，这种分布式空间检索方法将更好地满足大规模空间数据应用的需求，从而提高用户的查询应用体验。

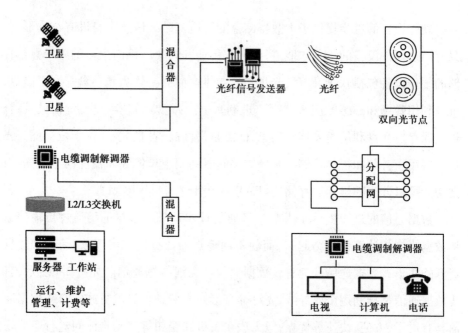

图 3-1　有线数据通信架构

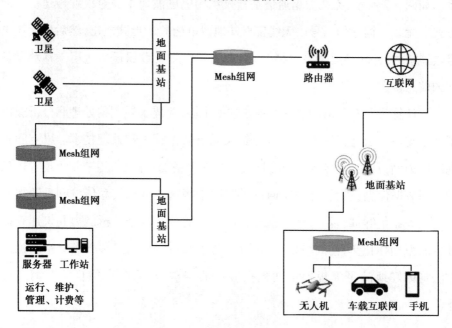

图 3-2　无线数据通信架构

二、大数据的发展

现代大数据概念建立在涉及统计分析、计算机、智能手机、互联网和物联网等概念在几个世纪的应用发展之上,大概可以分为 3 个时期:萌芽时期、发展时期和兴盛时期。图 3-3 显示了大数据发展史的 3 个时期。

图 3-3 大数据发展史的 3 个时期

1.萌芽时期(19 世纪—20 世纪末)

1880 年,在美国第十次人口普查中,一名叫赫尔曼·霍尔瑞斯(Herman Hollerith)的普查员估计,用计算器处理 1880 年人口普查收集的数据至少需要 7 年的时间,并预计 1890 年人口普查的数据处理至少需要 10 年的时间。严峻的现实让霍尔瑞斯决定发明一种高效的用于统计制表工作的机器。事实表明,该机器将 10 年的劳动缩减为 3 个月的劳动。1943 年,迫切希望破解纳粹密码的英国人发明了第一个数据处理器 Colossus。Colossus 执行布尔运算和计数运算来分析大量数据。1965 年,美国政府建立了第一个数据中心,用于在磁带上存储数百万套指纹和纳税申报表,这一举措通常被认为是大规模数据存储的第一次尝试。1989 年和 1990 年,Tim Berners-Lee 和 Robert Cailliau 在为 CERN 工作时发现了万维网并开发了 HTML、URL 和 HTTP,这意味着广泛且易于访问数据的互联网时代开始了。1998 年,美国硅图公司(SGI)前首席科学家约翰·马希(John Mashi)在题为“大数据和下一波基础设施应力”的行业演讲中首次公开了“大数据”的概念。

2.发展时期(20 世纪末—2009 年)

20 世纪末到 2009 年是大数据的发展时期。在这期间,大数据的概念和技术得到了不断完善和发展。2001 年,分析公司 Gartner 的 Doug Laney 提出了大数据 3V 概念(数量大、种类多和速度快),定义了大数据的维度和属性。2005 年,Hadoop 出现,与 Google 的 MapReduce 合并可以处理来自几乎所有数字来源的结构化和非结构化数据。2006 年,亚马逊网络服务(AWS)开始提供基于网络的计算基础设施服务,现在被称为云计算,为大数据的进一步发展提供了技术支持。2008 年,国际知名杂志 Wired 通过其《理论的终结:数据泛滥使科学模型过时》将大数据的概念带给了普通大众。据统计,在 2008 年,全世界的 CPU 处理的数据量超过 9.57 泽字节(或 9.57 万亿千兆字节),大约相当于每人 12 GB。

3.兴盛时期(2009—2022 年)

2009—2011 年,"大数据"开始成为互联网技术行业中的热门词汇。2009 年印度建立了用于身份识别管理的生物识别数据库;同年,美国政府通过启动政府数据网站的方式进一步开放了数据的大门;2010 年肯尼斯·库克尔发表了大数据专题报告——《数据,无所不在的数据》,称"大数据时代已经到来";2011 年 6 月,麦肯锡发布了关于大数据的报告,正式定义了大数据的概念;2011 年 12 月,中华人民共和国工业和信息化部发布的《物联网"十二五"发展规划》,提出了"把信息处理技术作为关键技术",其中包括了海量数据存储、数据挖掘、图像视频智能分析,这些同时也是大数据技术的重要组成部分;2012 年,被誉为"大数据商业应用第一人"的维克托·迈尔-舍恩伯格出版了《大数据时代》,并前瞻性地指出:"大数据带来的信息风暴正在变革我们的生活、工作和思维。大数据时代最大的转变就是,放弃对因果关系的渴求,而取而代之关注相关关系"。在这个阶段,大数据伴随着互联网的发展逐渐进入兴盛时期,各国政府都开始意识到数据的价值,尝试开放大数据和制定大数据发展战略。2020 年,Allied Market Research 报告称,大数据和业务分析市场整体收益在 2019 年达到 1 931.4 亿美元,并估计到 2027 年将以 10.9% 的复合年增长率增长到 4 209.8 亿美元。

第二节 大数据的基本概念

一、大数据定义

根据舍恩伯格在《大数据时代》一书中的观点："大数据就是大规模的数据，人们可以在这些大规模数据上做到的事情，无法在小规模数据的基础上完成；大数据是人们获得新认知、创造新价值的源泉；大数据还是改变市场、组织机构，以及政府与公民关系的方法。"

大数据的核心是预测。预测就是把数学算法运用到海量数据上来预测事情发生的可能性。比如，电商平台通过分析用户已买的商品种类，从而预测他未来买另一种相关商品的可能性；抖音通过分析用户的视频点赞、收藏和关注信息为其推荐相关的视频内容和博主账号；支付宝根据转账记录挖掘用户的社交网络等。大数据的核心指示了我们分析信息时的 3 个转变。第一个转变是，我们可以分析更多的数据而不是依赖于随机采样。第二个转变是，大数据纷繁多样，参差不齐，我们更专注大体预测方向而不再热衷追求精确度。第三个转变是，我们放弃了对因果关系的渴求，而取而代之的是关注相关关系。相关关系也许不能回答"为什么"，但能告诉我们"是什么"，这能让我们发现很多从未意识到的关联关系。

海量数据存储、数据挖掘、图像视频智能分析和数据安全分析都是大数据的重要组成部分。随着网络的发展，信息、数据爆炸式增长，大规模数据中心的存储容量超过了 PB 和 EB 级，甚至有的达到了超大规模数据存储和管理的极限，给大数据存储带来了挑战。现有企业数据中心中的 NAS（Network Attached Storage）存储和 SAN（Storage Area Network）存储，受首端带宽和处理能力的限制，单台容量一般限制在几十到几百 TB，有系统容量小、维护成本高、价格极其昂贵的缺点,并且缺乏有效的异地备份和灾难自动响应功能,已经不能满足当前大型数据中心的存储需求。因此,工业界出现了几款用于大型数据中心存储的分布式存储系统,典型代表如 GFS/Big Table、Amazon S3、Cassandra、Ceph 等。Amazon S3 和 Cassandra 基于 DHT(分布式哈希表)开发,运行在低成本的通用服务器上,具有高扩展性,支持大规模数据存储、快速数据访问、良好的跨数据中心备份和复制,以及节点故障自动恢复等功能。

数据挖掘是许多不同领域的研究人员所关注的跨学科技术理论,现已广泛应用于军事、医疗、金融决策分析等诸多领域。有许多不同的术语来描述它,除了常用的数据挖掘和知识发现外,数据融合、数据分析、知识抽取和信息发现都是数据挖掘的同义词。从技术角度来看,数据挖掘是从大量不完整、庞杂、模糊和随机的数据中提取未知和隐藏的潜在有用信息和知识的过程。数据挖掘分6个步骤执行:

①理解业务。从业务角度理解数据挖掘的目标和需求,将目标和需求形式化为一种数据挖掘的问题定义,并设计达到目标的一个初步数据挖掘计划。

②理解数据。收集需要的数据并进行标注和描述。

③准备数据。对收集的数据进行预处理以满足使用要求,包括数据缺省值处理、格式标准化和异常数据清除等。

④模型构建。选择和应用各种算法和架构来构建数据挖掘模型,并优化模型的参数。

⑤模型评估。验证算法的精确,评估模型是否满足业务需求和实现业务目标。

⑥模型部署。将达到预订计划和目标的模型算法打包、封装和安装到生产环境中。

传统的视频分析方法很难在海量视频帧中及时发现问题,而基于大数据技术的智能视频分析可以快速、高精度地识别视频中的目标和用于预警报警。结合大数据技术设计视频分析流程,可以将智能视频分析简单描述为:首先通过相机等工具采集视频材料;然后对视频图像进行阴影处理和去模糊处理,以便更精确地检索视频;最后进行视频压缩和解码用于视频存储和播放。结合以上步骤,可以有效完成视频内容的分析和提取,获得视频目标的具体运动特征、颜色、纹理、形状等数据。除此之外,还可以利用大数据技术进行合理的目标识别和分析,从而提高和优化视频的智能分析能力。

近年来,随着各行业对大数据的投入和技术应用的成熟,许多与安全相关的组织、部门和企业都在尝试通过大数据来解决安全问题。例如,利用大数据方法和工具研究自动安全监控工具;将大数据相关理论与我国食品安全实际情况相结合,探索食品安全大数据的技术框架、体系和潜在应用价值。大数据对安全管理的挑战主要表现在对传统安全管理范式的影响上。首先,现有的许多安全规律是从传统的安全数据中总结出来的,只反映特定统计样本的安全规律——传统安全管理范式的适用性将受到海量大数据的挑战。其次,传统的安全管理范式一般假设系统处于特定的时空位置。然而,这种静态的安全管理范式已经不能有效地应用于随时变化的复杂系统。再次,现有的事故成因理论大多来源于对事故成因规律的总结和提炼,但这种安全管理范式只适用于预防以前发生过的事故,对于未知的新事故,可以利用大数据进行预测和分析。最后,传统安全管理范式最重要的原则是因果分析,不适用于日益复杂的非线性安全问题,大数据以"关联分析"代替"因果分析",是对安全管理者认知和安全管理范式的新挑战。

二、大数据特点

研究和分析大数据的特点是十分有必要的,因为这关系着相关系统架构、技术方案和业务模式能否及时作出相应的升级和调整,以便于促进大数据研究应用的发展和进步。比如,应用场景、设备仪器和网络架构的异构性给大数据的结构特征带来了变化,这要求对应的大数据分析处理工具必须能够适配新的大数据结构特征,从而满足实时、有效和经济的服务需求。目前,普遍认为大数据的特点经过了 3V、4V 再到 5V 的 3 次演变。

2001 年,Doug Laney(目前在 Gartner 任职)通过"3V"来描述大数据特点,即数量大(Volume)、速度快(Velocity)和样式多(Variety)。术语"Volume"指的是正在生成、收集和处理的大量数据,通常是 PB、EB 和 ZB 级。例如,Twitter 定期接收/处理数百万条推文;同样,Facebook 也经常处理数以百万计的帖子和图片;Google 收到超过 10 亿次搜索查询。为了充分管理和利用大数据,企业需要采用安全可靠的方式来存储、整理和检索数万亿字节的数据;还需要采用高级算法和由人工智能驱动的分析工具来挖掘大数据的潜在价值。"Velocity"是指数据在不同系统和设备之间生成、处理和移动的速度。例如,社交媒体发帖的速度;在线交易欺诈检查的速度;公共汽车、火车、飞机等收到实时交通数据的速度。过去,数据生成后必须先输入传统数据库系统中(通常手动进行),然后才能用于分析或检索。如今,借助大数据技术,在数据生成之时,数据库在毫秒内就能完成大数据的即时处理、分析和配置。这样一来,企业就可以利用实时数据捕获财务信息,响应客户需求,预防欺诈,并处理对速度要求极高的任何其他活动。"Variety"是指数据来源和类型的多样性。大数据通常由结构化、非结构化和半结构化数据组成。如果数据集中只包含结构化数据,无论其规模多么庞大,都不是大数据。传统的数据库和数据管理解决方案缺乏灵活性,且功能范围有限,无法应对大数据中各种不同且复杂的数据集。

在"3V"理论的基础上,IBM 将真实性(Veracity)作为定义大数据的第四个V。"Veracity"一词涉及数据的质量和可用性,包括可信性、真伪性、来源和信誉和可审计性。例如,采集自无人区的无人机数据是否真实可信,是否遭受黑客攻击和篡改?同样,数据应该是高质量和可用的,并且应该由受信任的系统生成。尽管借助现代数据库技术,企业能够采集和理解大量不同类型的数据,但只有有效和真实的数据才具有价值。

国际 IT 公司 IDC 也提出了一套"4V"理论,即将价值(Value)作为定义大数据的第四个 V。术语"Value"是指大数据中隐藏的知识和信息价值,即从处理和分析大数据中获得的不同类型的收益。示例包括货币价值、社会价值、研究/教育价值等。随着互联网以及物联网的广泛应用,数据量呈爆发式增长,但数据价值密度较低。结合业务逻辑并通过强大的机器算法来挖掘数据价值,能够帮助企业提高竞争力和韧性,并为客户提供更卓越的服务。

荷兰阿姆斯特丹大学的尤里·德姆琴科(Yuri Demchenko)等人提出了大数据体系架构的"5V"特征:体量大(Volume)、速度快(Velocity)、多样性(Variety)、真实性(Veracity)、价值(Value)。该"5V"理论在 IDC 4V 理论的基础上增加了真实性(Veracity),包括数据的可用性和可靠性。我国工业和信息化部在推出的《大数据标准化白皮书 V2.0》中描述了大数据的"5V"特征,如图3-4 所示。在实际生活中,大数据因为多样性存在很大的模糊性、不完整性和不确定性,这可能导致许多形式的大数据的可用性和可靠性都不那么可控。例如,Twitter 发布了许多带有标签、缩写、拼写错误和口语的推文,为了更准确地捕获该推文的情感或主题,我们必须使用智能技术来去除模糊、不完整、不确定的数据。模糊逻辑和模糊集已开发出许多重要的方法和技术,来解决数据的模糊性和不完整性,因此它们将在完善大数据的真实性方面发挥重要作用。

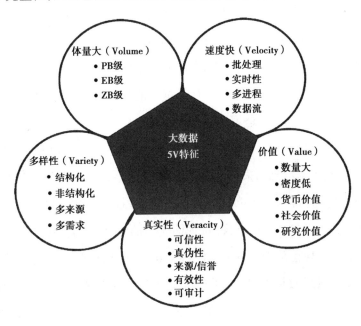

图 3-4　大数据的"5V"特征

三、大数据价值

学者们从不同的角度研究了大数据,其中大多数研究工作都集中在技术上,例如大数据处理技术或算法。然而,也有大量的研究从商业角度来看待这个话题。例如,调查数据分析如何影响决策制定,进而影响公司的绩效;研究数据分析能力对企业数据资产管理效率的影响;分析外部来源数据并应用自然语言处理和机器学习算法,来监控公司的市场地位和竞争对手。因此,我们发现大数据不仅具有学术研究价值,还具有商业应用价值。然而,组织机构的复杂性、价值创造的利益相关性和流程的有效性等为大数据价值的挖掘创造能力带来了不确定性。因此,想要高效地挖掘创造大数据价值,必须思考大数据价值创造模型如何与过程理论原理联系起来。

为了实现大数据的价值,企业需要拥有大数据资产和大数据处理能力。在大数据价值创造过程中,数据信息或资产通过大数据处理能力转化为知识或价值。DIKW(Data Information Knowledge Wisdom)层次结构规定信息必须是第一位的,即没有信息就不能创造知识。相应地,在大数据的价值创造过程中,企业必须具备大数据处理能力才能产生有影响力的价值成果。在没有适当能力的情况下将资产转化为价值是不可能的。此外,为了全面了解大数据的价值创造,我们需要考虑另外两个因素。首先是企业必须进行投资以实现大数据资产创建过程,包括数据信息的采集、系统平台的创建、技术方案的研发等。大数据资产创建过程受外部因素影响,这些因素通常是技术性的,可以对资产产出产生积极或消极的影响。然后是我们必须将数据价值与实际绩效指标联系起来。大数据价值就体现在基于大数据分析的决策,提升了决策效率和准确性。

为了充分发挥数据的潜力,所有相关方都必须能够无障碍地共享数据,并且成本合理。比如,公司必须将内部数据与外部数据结合起来,才能充分利用其数据价值。数据共享也是开放科学的基础,2021 年 4 月,世界经济论坛(WEF)发布了《共享数据,培养公众信任和意愿》,该倡议使所有人都能访问科学研究和数据,它包括诸如发表开放式科学研究、推动开放获取以及在研究过程中使科学更加透明和可访问的方法等。开放科学的目标包括更大的跨学科科学合作、数据的可访问性以及科学工作的更高可重复性和透明度。数据共享越来越被视为科学在全球范围内跨学科发展的重要驱动力。

实现开放科学的目标需要健全的数据管理实践。数据管理的最佳实践要求科学家通过将数据集中存放在受信任的主题、政府或机构存储库中,通过提供原始数据的元数据,以及通过引用或承认对数据的重用来共享数据。了解科学家的实际行为是了解如何使用最佳实践来支持科学的关键。Data ONE 是一个环境网络基础设施项目,专注于满足"科学和社会对开放、持久、稳健和安全访问描述良好且易于发现地球观测数据的需求。"Data ONE 自 2009 年以来一直得到美国国家科学基金会的支持。Data ONE 可用性和评估工作组(UAWG)十年来一直在研究科学家对数据共享和重用的态度和实践。

大数据的核心价值主要体现在 6 个方面。

①大数据助企业挖掘市场机会和探寻细分市场。

②大数据提高决策能力。

③大数据创新企业管理模式,挖掘管理潜力。

④大数据变革商业模式,催生产品和服务的创新。

⑤大数据为个人提供个性化服务。

⑥大数据驱动社会和谐。

具有明确属性的最佳细分市场是大数据实施的第一步,这决定了公司打算如何竞争和调整与客户服务、成本竞争、质量、时间或响应能力相关的战略重点。过去十年,分析工具、技术和功能强大的计算机的大量供应,帮助数据专业人士和营销人员从大数据中收集和提取了大数据价值,以评估客户行为特征、预测客户行为决策、检测和探索新的市场机会,以及识别值得追求的群体。大数据可以成为市场差异化因素,引入新服务和新商业模式。此外,大数据允许不同细分市场在客户服务、成本竞争、质量、时间或响应能力方面竞争优先级,从而导致了不同的数据服务架构和战略。

大数据驱动分析可通过挖掘大数据隐藏的知识价值和潜在能力,提高企业的市场竞争力,帮助企业领导者在各种复杂环境中作出明智的决策。大数据具有超高维度的特征,如何处理这些超高维数据、挖掘其潜在价值、开发适合新企业环境的数据流模型是一个具有挑战性的问题。基于大数据分析和智能计算的解决方案,逐渐被用于降低处理大量数据的复杂性和认知负担。大数据驱动的技术为当今的制造模式从传统企业模式向智能数字企业转型提供了绝佳机会。大数据系统的独特特性是实时性、动态性和自适应性,与传统的数据分析系统相比,大数据平台管理的数据来自物理实体世界或虚拟数字世界。由于数据源的多样性,高效处理数据的能力凸显出更加优秀的前景。

大数据技术将对企业的管理模式产生一定的影响。企业对此应有清醒的认识,在大数据的具体实施过程中,应将大数据技术与企业管理紧密结合,既要充分发挥大数据技术的积极作用,又要大力创新企业管理模式,让大数据在推动企业管理改革发展中发挥更大的作用。在大数据时代背景下,企业管理创新可以为企业带来巨大的收益。企业经营的本质是尽可能多地开发客户,以提高企业的经济效益。开发大量客户最重要的方法是了解客户的多样化需求并提出满足他们需求的策略。大数据可以让我们了解消费者的个人信息和多样化需求、消费趋势等重要数据信息。

大数据分析为产品/服务创新提供了新的可能性。大数据分析为收集、处理和分析大量跟踪数据提供了强大的方法和工具,使组织能够通过将客户的"数字足迹编译成个人日常生活的全面图景"来产生有价值的见解。这些见解有可能创造竞争优势,并以多种方式支持以客户为导向的服务创新。例如,通过分析从汽车传感器收集的数据,保险公司可以创建对其客户驾驶行为敏感的产品。家用电器制造商 Whirlpool 在其产品中使用传感器来跟踪客户如何使用其产品,将这些数据与来自社交媒体平台的用户数据相结合,从而深入了解客户的偏好和行为。探讨大数据分析对服务创新的影响,有助于发展更普遍的数字化服务创新理论。

　　洞察大数据以便获取有用的信息进行个性化推荐,应用场景包括个性化音乐推荐、交通推荐、医疗推荐等。以交通推荐为例,基于大数据分析的个性化推荐系统可以解决交通过载问题。随着物联网特别是车联网的出现,可以不断产生丰富的环境数据和移动数据。然而,处理和利用这些来自车辆的海量移动数据给传统的推荐服务带来了严峻的挑战。分析用户、位置和活动三个维度的大数据信息,研究基于真实数据集的多样化推荐问题,可以提供更全面的推荐系统视图。这样,游客可以个性化地发现人迹罕至的景点,缓解著名景点的交通压力,平衡整体交通。

　　大数据技术影响着人类生活的方方面面,创造着更高效和谐的人类社会生活。比如基于大数据的人脸识别、人脸开关、指纹支付等技术可以消除大部分的现实交互需求,通过避免留下泄密线索,从而提高安全性,例如门禁系统、保险箱系统等。此外,基于大数据的行程追踪、定位分析等可以实时锁定犯罪嫌疑人的行动轨迹,从而提高缉拿罪犯的成功率。此外,各种监控视频、行车记录仪、转账记录数据的收集,可以有效还原过去某一段时间内的场景现实,从而避免额外的误解和冲突。

第三节　大数据的关键技术

一、大数据采集

　　数据采集被理解为在将数据放入数据仓库,或任何其他存储解决方案之前收集、过滤和清理数据的过程。在大数据采集过程中,一旦收集到原始数据,我们将利用高效的传输机制将其发送到适当的存储管理系统,以支持不同的分析应用。收集的数据集有时可能包含大量冗余或无用的数据,这会不必要地增加存储空间并影响后续数据分析。例如,高冗余在环境监测的数据集中非常普遍。可以应用数据压缩技术来减少冗余。

大数据采集的核心是从分布式信息源收集数据,目的是将它们存储在可伸缩的、大容量的数据存储中。为实现这一目标,需要 3 个主要组成部分:

- 允许为任何类型的分布式数据源(非结构化、半结构化、结构化)收集信息的协议。

- 使用不同协议从分布式源收集数据的框架。

- 允许持久存储数据的技术。

常见的数据收集方法包括:日志文件、传感器、网络爬虫和抓包技术。日志文件是一种广泛使用的数据收集方式,指数据源系统自动生成的记录文件,以指定的文件格式记录活动,以供后续分析。日志文件通常用于几乎所有的数字设备。例如,Web 服务器在日志文件中记录 Web 用户的点击次数、点击率、访问量和其他属性。为了捕获用户在网站上的活动,Web 服务器主要包括以下 3 种日志文件格式:公共日志文件格式(NCSA)、扩展日志格式(W3C)和 IIS 日志格式(Microsoft)。3 种类型的日志文件都是 ASCII 文本格式。有时可能会使用文本文件以外的数据库来存储日志信息,以提高海量日志存储的查询效率。还有一些基于数据收集的其他日志文件,包括金融应用中的股票指标日志,以及网络监控和流量管理中的运行状态确定日志。

传感器在日常生活中很常见,用于测量物理量,并将物理量转换为可读的数字信号以进行后续处理(和存储)。传感数据可分为声波、语音、振动、化学、电流、天气、压力、温度等。传感信息通过有线或无线网络传输到数据采集点。适用于易于部署和管理的应用,例如视频监控系统。运用有线传感器网络是获取相关信息的便捷解决方案。有时特定现象的准确位置是未知的,有时被监测的环境没有通信基础设施,那么在通信能力有限的情况下,必须使用无线通信来实现传感器节点之间的数据传输。近年来,WSN(无线传感器网络)受到了广泛关注,并被应用于环境研究、水质监测、土木工程和野生动物习性监测等诸多领域。WSN 通常由大量地理上分布的传感器节点组成,每个传感器节点都是由电池供电的微型设备。此类传感器部署在应用程序需要的指定位置,以收集遥感数据。一旦部署了传感器,基站将向传感器节点发送用于网络配置/管理或数据收集的控制信息。基于这样的控制信息,传感数据在不同的传感器节点中被组装起来,并被发送回基站进行进一步的处理。

目前网络数据的获取方法之一是通过网络爬虫、分词系统、任务系统、索引系统等组合来完成的。网络爬虫是搜索引擎用来下载和存储网页的程序。一般来说,网络爬虫从一个初始网页的统一资源定位符(URL)开始访问其他链接的网页,在此期间它存储和排序所有检索到的 URL。网络爬虫通过 URL 队列按优先顺序获取一个 URL,然后下载网页,并识别下载网页中的所有 URL,再提取新的 URL 放入队列中。重复此过程,直到网络爬虫停止。通过网络爬虫获取的数据被广泛应用在基于网页的应用中,例如搜索引擎或网络缓存。

网络数据也通过抓包技术进行采集,主要包括传统的基于 Libpcap 的抓包技术、零拷贝抓包技术,以及一些专门的网络监控软件,如 Wireshark、SmartSniff、WinNetCap 等。Libpcap(packet capture library)是一个应用广泛的网络数据抓包函数库,不依赖于任何特定系统,主要用于在数据链路层捕获数据。Libpcap 具有简单、易用和便携的特点,但效率相对较低。因此,在高速网络环境下,使用 Libpcap 时可能会出现相当大的丢包现象。零拷贝(ZC)是指在一个节点的数据包接收和发送过程中,任何内部存储器之间不发生任何拷贝。零拷贝的基本运行思路是在数据包从网络设备传递到用户程序空间时,减少数据拷贝时间,减少系统调用和减少 CPU 负载。零拷贝技术首先利用直接内存访问(DMA)技术,将网络数据包直接传输到系统内核预先分配的地址空间,从而避免 CPU 的参与。与此同时,它将系统内核中数据包的内部存储器映射到检测程序的内部存储器。然后检测程序直接访问内存,从而减少系统内核到用户空间的内存拷贝和系统调用量。

除了上述 3 种主要的数据采集方式外,还有很多其他的数据采集方式或系统。例如,在科学实验中,可以使用许多特殊的工具来收集实验数据,例如磁谱仪和射电望远镜。我们也可以从不同的角度对数据收集方法进行分类。从数据源的角度来看,数据采集方式可以分为两类:通过数据源记录的采集方式和通过其他辅助工具记录的采集方式。

二、大数据表示

大数据表示是一门涉及人工智能、机器学习和特征工程等领域的学科,现在一般被称为数据表示学习,用于了解数据的内在结构,从数据中发现有价值的信息。在人工智能、生物信息学和金融等许多领域,数据表示学习是促进后续分类、检索和推荐任务的关键一步。

传统的数据表示学习也称为特征学习,指的是学习数据的转换,以便在构建分类器或其他预测器时更容易地提取有用的信息。传统的数据特征学习方法包括图像描述符(例如,尺度不变的特征变换-SIFT),局部二进制模式-LBP,定向梯度的直方图和文件统计(例如,术语频率-逆文件频率,即 TF-IDF 等)。传统的数据特征学习方法被认为是"浅"模型,一般不能反映数据的深层次语义或潜在的主题类别。

为了数据的低维表示,K.皮尔森于 1901 年提出了主成分分析(PCA);R.费舍尔于 1936 年提出了线性判别分析(LDA)。PCA 和 LDA 都是最早的数据表示学习算法。然而,PCA 是一种线性、无监督、生成和全局的特征学习方法,而LDA 是一种线性、有监督、判别和全局的特征学习方法。在 PCA 和 LDA 的基础上,还可以生成各种扩展,如核主成分分析(kernel PCA)和广义判别分析(GDA)。2000 年,机器学习界开展了流形学习的研究,旨在发现高维数据的内在结构。与以往的全局方法(如 PCA 和 LDA)不同,多种学习方法通常是基于局部性的,例如等距特征映射(ISOMAP)和局部线性嵌入(LLE)。2006 年,G.辛顿等人成功地将深度神经网络应用于降维,并提出了"深度学习"的概念。目前,深度学习算法以其较高的效率被广泛应用于更多的领域。

　　PCA 是最早的线性特征学习算法之一。PCA 因其简单性而被广泛应用于降维,它使用正交变换,将一组可能是相关变量的观测值,转换为一组线性不相关的变量值。在一定程度上,经典的多维尺度(MDS)与主成分分析(PCA)相似,即两者都是线性方法,采用特征值分解进行优化。PCA 与 MDS 的区别在于,PCA 的输入是数据矩阵,MDS 的输入是数据之间的距离矩阵。如果训练数据可用,则可以直接使用 PCA 进行特征学习。但是,只要给定数据之间的距离矩阵,就可以选择 MDS 来学习数据的低维表示。然而,如果将 PCA 应用于一个数据集,将 MDS 应用于该数据集对应的距离矩阵,则 PCA 和 MDS 将获得等价的结果。

　　除了特征值分解外,奇异值分解(SVD)也常用于数据以表示优化。利用 SVD 对信息检索中的潜在语义分析(LSA)进行优化,从而减少数据矩阵的行数,同时保持矩阵列之间的相似性结构(行表示词,列表示文档)。核主元分析(KPCA)作为 PCA 的变体,利用核技巧对 PCA 进行非线性降维,而概率 PCA(PPCA)是 PCA 的概率版本。在 PPCA 的基础上,Lawrence 提出了高斯过程隐变量模型(GPLVM),它是一种基于完全概率的非线性隐变量模型,可以学习从隐空间到观测空间的非线性映射。这里,KPCA 通常使用非线性函数将原始数据映射到高维特征空间中,然后在这个高维特征空间中进行线性降维。PPCA 从概率角度重新定义了 PCA,可用于包含丢失数据的场景中。此外,为了解决 PCA 和 PPCA 只能学习观测数据的线性子空间的问题,GPLVM 学习了非线性隐变量模型中的低维嵌入。

　　为了将监督信息纳入 GPLVM 框架,学者们提出了高斯过程潜随机场(GPLRF)。GPLRF 是一个有监督、非线性、高斯过程的隐变量模型。GPLRF 鼓励属于同一类的数据接近,同时强制使不同类别的数据相距较远。因此,GPLRF 通常可以学习到数据的有效表示,从而获得较高的分类精度。除 GPLRF 之外,PCA 的一些扩展还包括稀疏 PCA、鲁棒 PCA 以及概率关系主成分分析等。

LDA 是一种有监督的线性特征学习方法,它强制属于同一类的数据在学习的低维子空间中接近,而属于不同类的数据在学习的低维子空间中远离。LDA 已成功用于人脸识别,获得的新特征称为 Fisherfaces。与通过 PCA 获得的特征 Eigenfaces 类似,Fisherfaces 也是从灰度图像中学习的,并且可以应用最近邻分类器进行后续识别。然而,与 Eigenfaces 相比,即使在光照和面部表情严重变化的情况下,Fisherfaces 在低维子空间中也具有很好的分离性。

除了上面提及的特征学习算法之外,还有许多其他的特征学习方法,例如成分分析(ICA)、典型相关分析(CCA)、基于集成学习的特征提取、多任务特征学习等。此外,许多张量表示学习算法用于直接处理张量数据。比如,DPCA 算法用于处理人脸识别问题。与 PCA 不同的是, DPCA 的输入是二维图像,而不是一维向量,因此在特征提取之前不需要将图像(例如人脸)转换成矢量。其次,经典的 LDA 使用数据的矢量化表示,而 DLDA 直接工作在 2D 图像上,可以在时间和空间上以较低的代价处理奇点问题。

三、大数据存储

数据存储是指通过磁性、光学或机械介质记录和存储数字信息的过程,以供日常或未来的数据查询和使用操作。随着互联网和物理网的飞速发展,数据存储系统面临的挑战主要如下:①数据爆发式增长,规模达到 EB 级规模,给稳定的访问性能带来了挑战;②现代化业务负载动态变化,数据库需要强大的扩展性和智能资源管理能力。

为了应对大数据的存储挑战,学术界和工业界提出了 NoSQL 数据库。NoSQL 数据库克服了关系数据库的问题,提供了水平可扩展、灵活、高可用、可访问且相对便宜的存储解决方案。因此,NoSQL 数据库已成为存储大数据最常用的技术。与关系数据库不同,这些技术为同时与大数据交互的大量用户提供支持。NoSQL 数据库在实现一致性、容错性、可用性和查询支持方面非常出色。

它们还保证了关系数据库的一些独特特性,即可扩展性和二级索引。

节点故障在分布式存储系统中非常常见。为了使分布式存储系统具有容错性,创建多个数据副本并将其放置在存储集群的同一节点和(或)不同节点上。复制不仅使系统具有高可用性,而且对于容错也很有用。如今,数据不仅包含元组,还包含文档和对象,关系数据库中预定义的数据模式无法处理不同的数据结构。NoSQL 数据库提供了非常灵活的数据模式和数据关系,增强了关系数据库的可扩展性。索引是一种提高数据检索性能的方法。在关系数据库中,主键足以执行搜索操作。然而,随着大数据的出现,带来了数据结构异构性的新挑战,主键索引不再是有效的数据检索解决方案。二级索引基于主键索引构建,支持多个字段的模糊匹配和组合查询,满足现实中复杂多样的数据查询需求。

Google 文件系统(GFS)是由谷歌公司开发的专有分布式文件系统,专门用于为大型商品服务器集群提供高效、可靠的数据访问。GFS 的实施是为了满足Google 快速增长的数据处理需求。GFS 依靠大量小型服务器,可以在多达数千台机器的集群上运行。GFS 实现了应用程序可以使用的专有接口,用于简化基于 GFS 的应用程序的开发。与传统的文件系统相比,GFS 经过设计和优化,可以在数据中心上运行,以提供极高的数据吞吐量、较低的延迟,并可以在个别服务器故障下生存。

Hadoop 分布式文件系统(HDFS)是基于 GFS 的灵感而开发的。HDFS 是一种分布式、可扩展的存储系统,可在廉价商品硬件上运行,最初被设计为Apache Nutch 的基础架构。类似于 GFS,HDFS 也是数据密集型应用程序的合适解决方案,通常可以处理 GB 到 TB 级别的数据。HDFS 包含大量大数据分析处理组件,提供快速故障检测和自动恢复功能。此外,HDFS 通过块复制以避免节点故障和数据不可用或丢失。块复制不仅保证了系统的可用性,而且保证了HDFS 系统的可靠性。

Big Table 是谷歌公司开发的另一款产品,旨在为分布在大型商品服务器集群上的大规模结构化数据提供灵活、可靠的存储。Big Table 是一个适应性强、高性能且高可用的存储系统,可用于管理数千台机器上的 PB 级数据。因此,许多具有吞吐量或延迟要求的 Google 应用程序和项目都在使用 Big Table。此外,Big Table 提供对数据存储、表示、索引和集群的动态控制。

HBase 是 Apache 开发的面向列的数据存储方案。HBase 实现了 Big Table 存储系统,旨在处理 Apache 项目中的大数据存储需求。HBase 底层存储基于 HDFS 实现,集群管理基于 Zoo Keeper 实现。HBase 良好的分布式架构设计为海量数据的快速存储、随机访问提供了可能,基于数据副本机制和分区机制可以轻松实现在线扩容、缩容和数据容灾,是大数据领域中 Key-Value 数据结构存储最常用的数据库方案。

更多的当代大数据存储技术还包括:由 Mongo 公司设计的开源 NoSQL 数据库 Mongo DB;基于文档的开源分布式存储系统 CouchDB;用于人工智能和 Web 语义项目的开源图形数据库 Hyper Graph DB;专为图形数据设计,具有高可扩展性以及复杂的搜索和遍历效率的分布式对象数据库 Infinite Graph;一个分散且高度可用的结构化数据键值存储系统 Cassandra。

四、大数据分析

人们采集和存储数据是为了理解数据的意义,并使用它来帮助决策。数据分析是应用算法分析大数据集和提取有用和未知模式、关系和信息的过程。图 3-5 显示了大数据分析的步骤:识别目标需求、采集数据、数据预处理和数据挖掘。与任何软件项目一样,设计和开发大数据分析应用程序,需要有条不紊且有效的软件开发流程。目标需求识别定义了应用程序的确切要求,同时确定了应用程序的时间限制,进一步确定了所需数据的来源和不同类型,这将有助于确定如何最好地设计和实施分析应用程序。数据采集就是运用合适的方法来有效收集尽可能多的相关数据,从而为数据分析过程的顺利进行打下基础。目前广泛使用的一种数据采集方法是系统日志采集。在应用数据挖掘方法之前使用的一组技术被称为数据挖掘的数据预处理,它被认为是数据知识发现过程中最有意义的步骤之一。数据预处理的原因在于收集的数据可能不完美,比如包含不一致和冗余信息的数据集,并不直接适用于开始数据挖掘过程。数据预处理能够使数据适应每种数据挖掘算法提出的要求,从而能够处理原本不可行的数据。

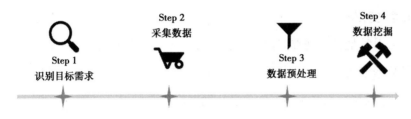

图 3-5 大数据分析的步骤

大数据分析一般可从以下 6 个基本方面进行研究。

1.可视化分析

可视化分析是数据挖掘中常用的一种信息描述工具,以复杂的结构展示数据内容并传递知识分析结果。数据可视化分析的意义在于使海量的和复杂的数据变得易于理解,从而帮助人们洞察数据内涵、快速掌握结论并作出有效决策。

2.数据挖掘算法

数据挖掘,也称为数据库中的知识发现,是指从数据库的数据中提取隐含的、以前未知的和潜在有用的信息(如知识规则、约束)的过程。数据挖掘还有很多其他的携带相似或稍有不同含义的术语,如知识挖掘、知识提取、数据考古学、数据分析等。常见的数据挖掘方法包括分类、回归分析、聚类、关联规则、特征、变化和偏差分析、Web 页挖掘等。

3.预测性分析能力

预测性分析是指使用数据、统计算法和机器学习技术来根据历史数据识别未来结果的可能性。预测性分析的目标是超越了解已经发生的事情,对未来发生的事情进行最佳评估。决策树、回归和神经网络是 3 种最广泛使用的预测建模技术。决策树是基于输入变量类别将数据划分为子集的分类模型。这有助于用户了解决策路径。回归是统计学中最流行的预测分析方法之一。回归分析估计变量之间的关系,可以在大型数据集中找到关键模式,并且通常用于确定特定因素(例如价格)对资产运动的影响程度。神经网络是能够对极其复杂的关系进行建模的复杂技术,功能强大且灵活。

4.语义引擎

语义引擎是指根据查询词语所表达的语义和层次识别用户的查询任务,并在大量数据中找到所需的信息。语义引擎远远超出了传统的大数据查询分析工具(只寻找与查询文字匹配的信息),通过融合自然语言处理技术可以真正理解用户的意图。

5.数据质量管理

数据质量管理(DQM)指的是一种业务原则:

- 完整性:数据如何与预先建立的数据质量标准相提并论?
- 完整性:获取了多少数据?
- 有效性:数据是否符合给定数据集的值?
- 唯一性:一组数据多久出现一次?
- 准确性:数据的准确性如何?
- 一致性:在不同的数据集中,相同的数据是否具有相同的值?

数据质量管理将人员、流程和技术相结合,以优化对企业组织的数据质量管理措施。数据质量管理的最终目的不仅仅是获得高质量的数据,而是实现依赖于高质量数据的业务管理。

6.数据存储

大数据存储是大数据分析管理中的另一个重大问题。稳定、高效、安全的数据存储,才能为后续的大数据计算分析环节提供稳固的支持。因此,涉及大数据分析的企业都在寻求各种手段来优化存储基础设施、搭建高性能的大数据存储架构、支持数据存储系统的快速故障检测和自动恢复。此外,针对不同的应用场景和存储任务,企业需要选择不同的数据存储方案,比如对象存储、块存储、文件存储和 Key-Value 存储等。

第四节 大数据的应用案例

大数据技术是数字时代最具影响力的创新之一,通过揭示隐藏在大量数据集合中的模式和相关性,为几乎每个行业的规划和决策的制定提供信息。事实上,在过去的十余年里,大数据已经应用到人们生活方式、日常消费选择的方方面面。

1.物流运输

联邦快递(FedEx Corporation)是目前世界上最大的快递运输公司之一,提供隔夜快递、地面快递、重型货物运送、文件复印及物流服务,总部设于美国田纳西州。联邦快递通过为车队安装各种灵活的传感器,比如 Sense Aware,可以做到包裹的全程监控,包括包裹所处环境的温度、湿度、气压和地理坐标等。此外,联邦快递正在努力推动更加智能的递送服务,比如订单物流信息的实时更改和客户位置的实时获取,以便包裹更快更准地送达到客户手中。

2.广告和营销

广告服务商——新数网络的公司商务负责人张佳表示,阿里、腾讯和百度等都会将平台上的用户行为进行标注,并存入数据库对第三方开放。广告服务商通过大数据分析绘制用户画像,并根据消费喜好、消费等级、地域等信息将用户定位为不同的消费群体。然后,再通过分析不同用户群体平时使用的软件平台来有针对性地投放广告。最后,广告服务商会收集网络广告投放效果的实时数据,从而优化广告投放策略和提高市场回报。

3.银行和金融服务

银行和金融服务通过大数据分析来检测欺诈交易和监控风险。比如中国人民银行征信中心通过采集企业和个人信息来评估企业和个人征信,并通过支持向量机、决策树、随机森林和 GBDT 等大数据算法来优化信用评分体系。截至 2015 年 4 月底,中国人民银行征信系统已经收录自然人 8.6 亿多,收录企业及其他组织 2 068 户。随着大数据技术的发展和在银行和金融领域的应用升级,银行和金融服务系统的稳定性、准确性和业务指示性将会实现全面改进。

4.政府

大数据技术为政府提供了机遇,包括分析业务数据以显著改善政府的在线信息服务能力,利用实时信息实现自适应和个性化的电子政务体验,跟踪和可视化政府绩效以进行动态和参与性的公共政策决策。成都四方伟业软件股份有限公司(Sefonsoft)成立于 2014 年,专注于大数据、人工智能技术的发展和演进,现已形成多种行业的大数据解决方案,拥有 100 余项大数据和人工智能核心专利。这些大数据解决方案和核心专利技术为包括政府及大型企业在内的用户提供大数据产品和服务。在海外,Sefonsoft 与合作伙伴一起为全球 70 多个国家和地区的 120 多个局点的运营商提供大数据产品和应用服务。

5.网络安全

机器学习和大数据分析技术可以用来预防和打击在线犯罪。比如,通过大数据分析识别异常,从而可以针对勒索软件攻击、恶意内部程序和未经授权的访问尝试等威胁采取有效的对策。在公司遭受入侵或数据盗窃后,攻击分析可以发现使用的入侵方法,然后设计对应保护措施,以阻止未来的类似攻击尝试。华为安全推出的 HiSec 3.0 安全解决方案体系将安全行为分析软件集成到 Controller 中,通过搜集全网各类设备的日志信息,记录全网的各类安全事件,进而分析并发现一些以前从单点出发的视角不能发现的潜在威胁或攻击。再通过交互界面呈现给管理员,并产生告警,然后管理员对安全风险进行防御。管理员也可以在 Controller 预定义一些策略或者动作。例如,将可疑流量引流到安全中心去进行清洗。这样可以降低管理人员的维护工作量,整个系统也可以更加安全地运行。

【本章小结】

1.大数据,指大规模的数据,人们可以在这些大规模数据上做到的事情无法在小规模数据基础上完成。大数据是人们获得新的认知、创造新的价值的源泉;大数据还是改变市场、组织机构,以及政府与公民关系的方法。

2.大数据特点的"3V"理论,指的是数量大(Volume)、速度快(Velocity)和多样性(Variety)。

3.IBM大数据特点的"4V"理论,指的是数量大(Volume)、速度快(Velocity)、多样性(Variety)和真实性(Veracity)。

4.IDC大数据特点的"4V"理论,指的是数量大(Volume)、速度快(Velocity)、多样性(Variety)和价值(Value)。

5.大数据特点的"5V"理论,指的是数量大(Volume)、速度快(Velocity)、多样性(Variety)、真实性(Veracity)和低价值(Value)。

6.大数据采集,被理解为在将数据放入数据仓库或任何其他存储解决方案之前收集、过滤和清理数据的过程。

7.大数据表示,是一门涉及人工智能、机器学习和特征工程等领域的科学,现在一般被称为数据表示学习,用于了解数据的内在结构,从数据中发现有价值的信息。

8.数据存储,指通过磁性、光学或机械介质记录和存储数字信息的过程以供日常或未来数据查询和使用操作。

9.大数据分析,是应用算法分析大数据集和提取有用和未知模式、关系和信息的过程。

10.大数据的核心价值主要体现在6个方面:①大数据助企业挖掘市场机会探寻细分市场;②大数据提高决策能力;③大数据创新企业管理模式,挖掘管理潜力;④大数据变革商业模式催生产品和服务的创新;⑤大数据为个人提供个性化服务;⑥大数据驱动社会和谐。

【专业术语解释】

大数据	云计算	大数据技术	结构化数据
半结构化数据	非结构化数据	分布式数据库	特征值分解
奇异值分解	张量（Tensor）		

【本章习题】

1.大数据是什么？

2.大数据的价值主要体现在哪些方面？

3.常见的数据收集方法有哪些？它们的应用有什么差异？

4.大数据有哪些常见的数据库存储系统？分别适用什么类型的大数据？

5.为什么要研究数据表示？数据表示的关键技术有哪些？

6.大数据分析一般包括哪几个基本方面的研究？

【进一步阅读资料及相关链接】

1.《大数据时代》

2.《大数据标准化白皮书 V2.0》

3.DataONE

4.亚马逊大数据分析平台

5.IBM 大数据基础设施平台企业数据存储解决方案—中国｜IBM

第四章

人工智能

第一节　人工智能的概念

一、人工智能的定义

人工智能(Artificial Intelligence, AI)的定义可以分为两部分,即"人工"和"智能"。"人工"比较好理解,也就是人力所能及的,争议性也不大。但关于什么是"智能",就不那么简单了,智能涉及意识、自我、思维等问题。迄今为止,人类唯一了解的智能就是人本身的智能,这是普遍认同的观点。但是人类对自身智能的理解非常有限,对构成人的智能的必要元素也了解有限,所以就很难定义什么是"人工"制造的"智能"了。因此人工智能的研究往往涉及对人的智能本身的研究。其他关于动物或其他人造系统的智能也普遍被认为是人工智能相关的研究课题。

有关人工智能的常见定义有两个:一个定义是由美国斯坦福大学人工智能研究中心的尼尔斯·尼尔逊教授提出的,即"人工智能是关于知识的学科,是关于怎样表示知识以及怎样获得知识并使用知识的科学";另一个定义是由美国麻省理工学院的帕特里克·温斯顿教授提出的,即"人工智能就是研究如何使计算机去做过去只有人才能做的智能工作。"虽然在表达方式上有所不同,但所反映的基本思想和基本内容是一致的,即人工智能是研究、开发用于模拟、延伸和扩展人的智能的理论、方法、技术及应用系统的一门新的技术科学。

为了厘清人工智能的概念,还需要辨析人工智能与大数据、机器学习和深度学习的联系和区别。

首先,大数据这一概念的复杂程度其实并不低于人工智能。信息技术的发展使得数据的获取途径得到扩展、更新频率得到提高,同时使数据可以被完整记录并高效分析。大数据为实现人工智能提供了丰富的资源基础,而人工智能则充分发挥了大数据的价值。大数据重在数据,而人工智能重在分析,大数据自然可以脱离人工智能而产生价值,人工智能也有多种可以脱离大数据乃至脱离新数据的实践方式。不过,人工智能与大数据紧密相关,新一代人工智能就是建立在大数据基础上的,受脑科学启发的类脑智能机理综合起来的理论、技术和方法形成的智能系统。

其次,人工智能、机器学习和深度学习的关系如图4-1所示,即人工智能的范围大于机器学习,机器学习的范围大于深度学习。具体来说,机器学习是人工智能实现的重要手段之一,深度学习是机器学习算法中的一种,代表着机器学习的高级阶段,目前机器学习算法是人工智能应用的主流算法。传统机器学习是浅层学习,具有人工设计特征,即其特征主要靠人工经验(比如专家设计)或特征转换的方法来抽取;深度学习是特征学习,具有机器学习特征,即深度学习以数据为基础,由计算机通过人工神经网络自动提取特征量,而不需要人为设计特征量。深度学习通过计算机的高性能计算能力把具有相关性的东西聚合成组,并提取特征量,进而用这些特征量提取更高层次的特征量,经过多次对特征量的抽象后,寻找到"典型的"概念,最终输出最佳的预测结果或最优的模型效果。

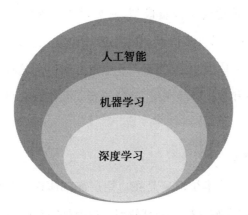

图 4-1　人工智能、机器学习和深度学习的关系图

二、人工智能的特点

作为引领新一轮科技革命和产业变革的战略性前沿技术，人工智能具有深度学习、跨界融合、人机协同、群智开放和自主智能的特点，其与金融业的深度融合，将全方位赋能金融科技创新，开启智能金融新时代。

（一）深度学习

机器学习是人工智能的基础，可以使机器从数据中学习，不断改进回归等有监督算法和聚类等无监督算法，以提高完成特定任务的准确率，但仍然与人类主动学习、独立思考的"智能"存在本质区别。为了使人工智能不仅"知其然"，而且"知其所以然"，受人脑结构和功能的启发，在机器学习的特征提取环节，引入了由分层的"感知器"构建的人工神经网络，提出了深度学习的概念。深度学习是机器学习的一个子范畴和新的研究领域，其动机在于模拟人脑神经元的工作过程，以更好地解释数据和发现规律。机器学习和深度学习在金融科技中具有重要的应用价值。智能投顾就是综合利用大数据、机器学习、深度学习以及其他人工智能相关底层技术形成的金融服务新模式。智能投顾机器人通过自主学习金融理论构建投资模型，能为投资者提供个性化的资产配置建议，并实现自动量化交易。为使人工智能进一步模拟、实现人脑功能，深度学习正向类脑人工智能方向发展。类脑人工智能具备不断成熟的视觉、听觉、触觉及记忆、运动、中枢和自主神经系统，能通过反射弧实现对世界的认知、判断、决策和反馈。

（二）跨界融合

人工智能无论在技术层面还是在应用层面都体现出跨界融合的特点。首先，人工智能要模拟人脑这样一个高效率、低功耗的复杂"巨系统"，必然需要计算机、脑科学、信息技术、通信工程、心理学、社会学等多学科的交叉融合和协同攻关。人工智能的发展不仅需要自然科学的突破，还需要社会科学的支撑。其次,从应用层面看,人工智能正由专用智能向通用智能发展。专用智能是解决某一特定任务的智能,着眼于某个细分领域的突破,比如 AlphaGo;而通用智能则要在"应用层"上发展出适应各种复杂环境和应用场景的智慧和能力,从而大幅扩大人工智能的应用范围,降低部署成本,使"人工智能+"真正与各行各业跨界融合,满足人们对美好生活的需要。最后,人工智能在金融科技领域的应用,也要实现从嵌入某种产品、某类业务的"专用智能"到适用各种金融业务场景,能够构建开放的金融科技生态系统的"通用智能"的转变。

应用案例

"人工智能+金融科技"的典型应用场景

无论是专用智能还是通用智能,在金融领域均具有重要的应用价值。专用智能在金融科技领域的应用能部分代替人工完成机械操作,提高金融服务效率;而通用智能有望重塑金融商业模式,更好地满足各类场景的金融服务需求,赋能金融高质量发展。"人工智能+金融科技"典型应用场景及举例见表4-1。

表4-1 "人工智能+金融科技"典型应用场景及举例

典型应用场景	典型应用举例
"人工智能+金融客服"场景	24小时客服机器人,实现智能对话和高效语音识别、自然语言处理,提高服务效率; 金融机构网点分流引导式服务机器人
"人工智能+金融投顾"场景	理财咨询与规划; 跨类别、跨地域资产配置; 量化金融、交易执行与追踪
"人工智能+金融投研"场景	上市公司研报、公告智能分析; 智能财务模型搭建; 投资报告自动生成

续表

典型应用场景	典型应用举例
"人工智能+金融风控"场景	授信审批、信用反欺诈、骗保反欺诈； 异常交易和反洗钱监测； 风险定价
"人工智能+金融营销"场景	线上社交渠道基于用户画像的智能获客； 线下活动基于知识图谱和专家系统的销售支持； 销售报表自动生成与智能分析
"人工智能+金融支付"场景	人脸、指纹、声纹、虹膜等生物识别支付； 用户账户自动聚类与关联分析
"人工智能+保险理赔"场景	智能辅助拍摄，远程查勘、定损； 智能审核、自动理赔； 基于 UBI 的车险精准定价和快速赔付

资料来源:周雷. 金融科技理论与应用:微课版[M].3 版.北京:人民邮电出版社,2022:31-32.

(三)人机协同

从互联网到移动互联网,从个人计算机到智能手机,虽然操作方式不同,但是基本都依靠双手输入信息,机器通过输出设备为人类提供相关信息或回答特定问题。人工智能带来的则是真正意义上的人机协同革命,真正解放了人类的双手,让语音交互、图像识别、自然语言处理、跨媒体识别等成为新的传递媒介。人工智能以对话为主要的交互方式,大幅降低了使用门槛,提高了用户友好度,使用户获取服务更加简单、便捷。因此,人机协同是人工智能发展的创新点和突破点。引入人类的认知模型和对话体系,能够实现人、机和环境系统三要素的相互作用,即物理性和生物性相结合,使人工智能可以服务更广泛的人群。比如在金融科技领域,基于有效的人机协同交互系统,研发的线上虚拟机器人和线下实体机器人,已在产品营销、客户服务、大堂引导等应用场景中落地,显著提升了金融服务效率。人机协同还有广阔的发展空间,在实现人机交互的基础上,进一步研究"脑机交流"及相关的伦理问题,有助于人工智能真正拓展人类"智慧"。

（四）群智开放

群智开放概念源于对自然界群居动物通过互相协作,作出宏观智能行为这一生物现象的观察。群智开放是人工智能的 2.0 版,具有分布式控制、自进化、自组织性等特点。在严格遵守伦理的基础上,群智开放以互联网组织结构和移动通信为桥梁,吸引、聚集参与者,以各种自主协同方式参与系统决策任务,而不仅仅是人类通过指令、程序使机器解决特定的问题。

（五）自主智能

自主智能是强调自主化和智能化的一种人工智能系统,但是不排斥人类参与。通过机器的计算、存储等特有优势替代人类重复性劳动,在执行主观性较强的任务时,重视人机协同在其中发挥的作用。借助深度学习中的类脑人工智能原理,构建自主智能系统,对算法模型进行大数据驱动的迭代优化,使模型对数据的理解更为深刻,并可利用智能技术自主处理信息。发展自主可控的人工智能与金融科技新技术,有利于赋能金融行业高质量发展。

三、人工智能的分类

根据能力的强弱,人工智能可分为弱人工智能、强人工智能和超人工智能。

（一）弱人工智能

弱人工智能(Artificial Narrow Intelligence, ANI),也称限制领域人工智能或应用型人工智能,指的是专注于且只能解决特定领域问题的人工智能。比如能战胜国际象棋世界冠军卡斯帕罗夫的人工智能——IBM 的深蓝,战胜李世石、柯洁的人工智能——AlphaGo,但是它们只会下国际象棋或围棋,若要问它们怎样更好地在硬盘上储存数据,它们就不知道怎么回答了。

（二）强人工智能

强人工智能(Artificial General Intelligence, AGI)，又称为通用人工智能或完全人工智能，指的是可以胜任人类所有工作的人工智能。强人工智能是指人类认知和感知级别的人工智能，即在各方面都能和人类比肩的人工智能，人类能干的脑力活儿它都能干。创造强人工智能比创造弱人工智能难得多，人类现在还做不到。美国教育心理学家 Linda Gottfredson 教授把智能定义为："一种宽泛的心理能力，能够进行思考、计划、解决问题、抽象思维、理解复杂理念、快速学习和从经验中学习等操作"。强人工智能在进行这些操作时应该和人类一样得心应手。

（三）超人工智能

哲学家、知名人工智能思想家 Nick Bostrom 把超级智能定义为："在几乎所有领域都比最聪明的人类大脑聪明很多，包括科学创新、通识和社交技能"。超人工智能(Artificial Super Intelligence, ASI)可以说各方面都比人类强一点，也可以说各方面都比人类强万亿倍。现在人类已经掌握了弱人工智能。其实弱人工智能无处不在，比如从已经深入生活的智能人工助手，到受到高度关注的 AlphaZero，但它们不能像人一样自主设立目标并完成，而只能像人的工具或动物一样执行人类设定的目标——尽管它们完成目标的能力已经在某些领域超越人。而强人工智能、超人工智能则常出现在影视作品之中，是人们对人工智能的最终愿景的体现。人工智能革命是从弱人工智能，通过强人工智能，最终到达超人工智能的旅途。这段旅途中人类可能会生存下来，可能不会，但是无论如何，世界都将变得完全不一样。

不过，对人工智能的现有能力不宜过分夸大，人工智能也不能视同是对人脑的"模拟"，因为人脑的工作机制至今还是个黑箱，无法模拟。AlphaGo 战胜柯洁，源自机器庞大而高速的计算能力，通过统计抽样模拟棋手每一步落子的可能性，从而找到制胜的招数，并不是真正学会了模拟人类大脑来思考。尽管人在计算能力方面被人工智能远远抛在后面,但当前的人工智能系统仍然远不具有人拥有的智能。

人类级别的人工智能,即"强人工智能"或"通用人工智能"目前更不存在。据调查,强人工智能在2040—2050年研发出来的可能性也仅有50%,预计在实现强人工智能大约30年后,才有望实现所谓的"超级智能"。这就是即使人类制造出了具有超算能力的机器,但这些机器仍然能力有限的原因。这些机器可以在下棋时打败我们,但却不知道在淋雨时躲进屋子里。在发展60多年后,人工智能虽然可以在某些方面超越人类,但想让机器真正通过图灵测试,具备真正意义上的人类智能,这个目标看上去仍然还有相当长的一段路要走。

第二节　人工智能的发展历程与现状

一、人工智能的发展历程

(一)人工智能的诞生(20世纪40—50年代)

1950年,著名的图灵测试诞生,按照"人工智能之父"艾伦·图灵的定义:如果一台机器能够与人类展开对话(通过电传设备)而不能被辨别出其机器身份,那么就可以称这台机器具有智能。同一年,图灵还预言会创造出具有真正智能的机器的可能性。1954年美国人乔治·戴沃尔设计了世界上第一台可编程机器人。1956年夏天,美国达特茅斯学院举行了历史上第一次人工智能研讨会,被认为是人工智能诞生的标志。会上,麦卡锡首次提出了"人工智能"这个概念,纽厄尔和西蒙则展示了编写的逻辑理论机器。

(二)人工智能的黄金时代(20世纪50—70年代)

1966—1972年,美国斯坦福国际研究所研制出机器人Shakey,这是首台采用人工智能的移动机器人。1966年美国麻省理工学院的魏泽鲍姆发布了世界上第一个聊天机器人 ELIZA。ELIZA 的智能之处在于它能通过脚本理解简单的自然语言,并能产生类似人类的互动。1968 年 12 月 9 日,美国加利福尼亚州斯坦福研究所的道格·恩格勒巴特发明了计算机鼠标,构想出了超文本链接概念,它在几十年后成了现代互联网的根基。

(三)人工智能的低谷(20 世纪 70—80 年代)

20 世纪 70 年代初,人工智能遭遇了瓶颈。当时的计算机的有限内存和处理速度不足以解决任何实际的人工智能问题。要求程序对这个世界具有儿童水平的认识,研究者们很快就发现这个要求太高了:1970 年没人能够做出如此巨大的数据库,也没人知道一个程序怎样才能掌握到如此丰富的信息。由于缺乏进展,对人工智能提供资助的机构(如英国政府、美国国防部高级研究计划局)对无方向的人工智能研究逐渐停止了资助。美国国家科学委员会在拨款2 000 万美元后也停止资助。

(四)人工智能的繁荣期(1980—1987 年)

1981 年日本经济产业省拨款 8.5 亿美元用以研发第五代计算机项目,在当时被叫作人工智能计算机。随后,英国、美国纷纷响应,开始向信息技术领域的研究提供大量资金。1984 年在美国人道格拉斯·莱纳特的带领下,启动了 Cyc项目,其目标是使人工智能的应用能够以类似人类推理的方式工作。1986 年美国发明家查尔斯·赫尔制造出人类历史上的首个 3D 打印机。

(五)人工智能的冬天(1987—1993 年)

"人工智能之冬"一词是由经历过 1974 年经费削减的研究者们创造出来的。他们注意到了人们对专家系统的狂热追捧,预计不久后将转向失望。事实被他们不幸言中,专家系统的实用性仅仅局限于某些特定情景。到了 20 世纪80 年代晚期,美国国防部高级研究计划局的新任领导认为人工智能并非"下一个浪潮",拨款将倾向于那些看起来更容易出成果的项目。

（六）人工智能真正的春天（1993 年至今）

1997 年 5 月 11 日，IBM 公司的电脑"深蓝"战胜国际象棋世界冠军卡斯帕罗夫，成为首个在标准比赛时限内击败国际象棋世界冠军的电脑系统。

2011 年 Watson 作为 IBM 公司开发的使用自然语言回答问题的人工智能程序参加美国智力问答节目，打败了两位人类冠军，赢得了 100 万美元的奖金。

2012 年加拿大神经学家团队创造了一个具备简单认知能力、有 250 万个模拟"神经元"的虚拟大脑。虚拟大脑被命名为"Spaun"，并通过了最基本的智商测试。

2013 年深度学习算法被广泛运用在产品开发中：Facebook 人工智能实验室成立，探索深度学习领域，借此为 Facebook 用户提供更智能化的产品体验；Google 收购了语音和图像识别公司 DNN Research，推广深度学习平台；百度创立了深度学习研究院等。

2015 年是人工智能突破之年：Google 开源了利用大量数据直接就能训练计算机来完成任务的第二代机器学习平台 Tensor Flow；剑桥大学建立人工智能研究所等。

2016 年 3 月 15 日，Google 人工智能 AlphaGo 与围棋世界冠军李世石的人机大战最后一场落下了帷幕。人机大战第五场经过长达 5 个小时的搏杀，最终李世石与 AlphaGo 总比分定格在 1∶4，以李世石认输结束。这一次的人机对弈让人工智能正式被世人所熟知，整个人工智能市场也像是被引燃了导火线，开始了新一轮爆发。

2019 年 3 月 3 日，全球首个 AI 合成女主播"新小萌"正式上岗新华社，向世界报道中国两会盛况。

2020 年以来，随着新型冠状病毒肺炎疫情（COVID－19）的全面爆发，人类开始了疫情防控的战役，在这一过程中，人工智能助力精准防疫，在新药研发、舆情防控、辅助诊疗、物资调配和远程办公等方面都发挥了重要的作用。

2022 年 AI 在北京冬奥会广泛应用,比如开幕式中的 AI 实时视频特效、比赛项目中的 AI 评分系统、央视新闻联合百度推出的首个 AI 手语主播以及后勤服务中的 L4 级自动驾驶接驳、智慧餐厅和 AI 消毒机器人,可以说北京冬奥就是"人工智能奥运"。

经过 60 多年的演进,人工智能已经从技术缓慢积累进入全面起飞新阶段。得益于云计算、物联网和大数据等数字技术的日趋成熟,最近 10 年,人工智能技术不断升级,为实现其由"智能感知"向"智能思考"与"智能决策"的演进打下了扎实的根基。

二、人工智能的发展现状

(一)全球人工智能的发展现状

世界主要国家均将发展人工智能视为提升国家竞争力和维护国家安全的重大战略。近年来,主要国家和地区相继出台了人工智能相关战略和规划文件,将政策重点聚焦在加强投资和人才培养、促进合作开放以及完善监管和标准建设上,全球人工智能产业发展进入加速落地阶段。具体而言,美国加大人工智能研发方面的投资;英国打造世界人工智能创新中心;欧盟致力于推进新的人工智能立法提案;日本则强化人工智能应用,加快数字化转型;韩国加强人工智能战略引领,助力本国经济复苏;新加坡为人工智能研究追加投资,推进政府的数字化转型;中国则更加注重推动人工智能与传统产业融合。2021 年世界主要国家均已进入全面推进人工智能战略的阶段,人工智能监管已成为各国人工智能发展的重中之重,人才培养是各国 AI 发展的核心竞争力,AI 基础设施的重要性越发凸显。

主要国家和地区人工智能相关的政策文件汇总见表 4-2。

表 4-2 主要国家和地区人工智能相关的政策文件汇总

国家/地区	政策文件
美国	2016:《为人工智能的未来做好准备》 《国家人工智能研究和发展战略计划》 《人工智能、自动化和经济》 2018:《2018 美国白宫工业人工智能科技峰会总结报告》 2019:《美国国家人工智能研发战略规划 2019》 《2016—2019 人工智能研发进展》 2020:《人工智能与量子信息科学研发摘要:2020—2021 财年》 《关于利用云计算资源推进联邦资助的人工智能研发的建议》 2021:《美国网络与信息技术研发计划公布 2023 财年预算补充说明》 《美国人工智能国家安全委员会:最终报告》 《人工智能/机器学习战略计划》
英国	2016:《机器人技术、自动化和人工智能》 2017:《在英国发展人工智能产业》 2021:《国家人工智能战略》
欧盟	2018:《可信赖 AI 的道德准则草案》 《人工智能协调计划》 2019:《可信赖 AI 的道德准则》 2020:《人工智能白皮书:通往卓越与信任的欧洲之路》 2021:《2030 数字指南针:欧洲数字十年之路》 《人工智能法案》
日本	2019:《人工智能战略 2019》 2020:《科学技术创新综合战略 2020》
韩国	2019:《人工智能国家战略》
新加坡	2019:《国家人工智能战略 2.0》 2021:《国家人工智能战略更新》

续表

国家/地区	政策文件
中国	2016:《中华人民共和国国民经济和社会发展第十三个五年规划纲要》 《"互联网+"人工智能三年行动实施方案》 《"十三五"国家科技创新规划》 2017:《新一代人工智能发展规划》 《促进新一代人工智能产业发展三年行动计划(2018—2020 年)》 2018:《高等学校人工智能创新行动计划》 2019:《关于促进人工智能和实体经济深度融合的指导意见》 《新一代人工智能治理原则——发展负责任的人工智能》 《国家新一代人工智能创新发展试验区建设工作指引》 《国家新一代人工智能开放创新平台建设工作指引》 2020:《国家新一代人工智能标准体系建设指南》 2021:《中华人民共和国国民经济和社会发展第十四个五年规划和 2035 年远景目标纲要》 《可信人工智能白皮书》 《新一代人工智能伦理规范》

资料来源:各国政府机构网站。

尚普研究院发布的《2022 年全球人工智能产业研究报告》显示,从融资情况上看,全球人工智能市场整体融资规模从 2015 年的 63 亿美元增长至 2021 年的 668 亿美元。其中,2021 年全球医疗 AI 融资规模较高达到 122 亿美元,金融科技 AI 融资规模为 39 亿美元,零售 AI 融资规模为 37 亿美元。从企业数量与累计融资规模上看,全球现有人工智能企业超过 11 000 家,累计融资总额超过 2 500 亿美元。其中,美国拥有 AI 相关企业达到 4 171 家,累计融资金额达到 1 601.9 亿美元,位居世界首位;中国拥有 1 275 家 AI 公司,融资总金额为 470.7 亿美元,位居世界第二位;英国拥有 728 家 AI 公司,融资总金额为 102.2 亿美元,位居世界第三位。从人才规模上看,全球当前累计 AI 人才突破 100 万人。其中,中国 AI 人才数量超过 18 万人,位居世界首位,占全球 AI 人才总数的 18%,美国和印度 AI 人才数量分居全球第二、三位,并且均超过 15 万人,但是美国在顶尖人才和顶尖机构方面具有全球领军地位。从专利情况上看,2011—2021 年全球人工智能专利申请数量呈现先升后降的趋势。2011—2021 年中国、美国和日本累计申请人工智能专利数量最多,中国位居世界首位,累计持有专利数量 191 万个;人工智能专利申请数量前十大机构集中在韩国、日本、美国和中国,其中,三星电子株式会社持有人工智能专利数量超过 10 万个。

(二)中国人工智能的发展现状

虽然中国的人工智能研究起步较晚,但是自 2016 年人工智能在"十三五"规划中被纳入中国国家战略之后,国家在人工智能领域密集出台了包括《"互联网+"人工智能三年行动实施方案》《新一代人工智能发展规划》《促进新一代人工智能产业发展三年行动计划(2018—2020 年)》《高等学校人工智能创新行动计划》《关于促进人工智能和实体经济深度融合的指导意见》等在内的政策文件(详见表 4-2),大力推动了人工智能领域的技术研发和产业化发展。

当前中国人工智能科技产业发展是由科技创新驱动的。深科技创新的基本内涵为,通过在基础研究、应用开发和规模生产创新链的多层次网络化布局,积极培育国家战略科技力量,实现知识群、技术群和产品群的融合和技术体系的自主可控,为国家经济竞争力的持续提升、加速经济转型升级和实现经济高质量发展提供战略纵深支撑。在深科技创新和创业活动的驱动下,中国人工智能科技产业发展呈现出明显的报告递增效应,不仅表现为规模的快速增长,还表现为应用领域的全面扩张和与实体经济的加速融合。

总的来说,中国人工智能发展现状有五大特点:一是优化人工智能战略布局,推动产业融合发展;二是夯实学科建设基础,注重培养人工智能领域人才;三是完善人工智能标准体系,制定相关法律规范;四是加快人工智能政策落地,开展实验区规划建设;五是开展人工智能发展研究,为产业发展建言献策。

经过多年的持续积累,中国在人工智能领域取得重要进展。中商产业研究院发布的《2022 年中国人工智能行业市场前景及投资研究报告》指出,从市场规模上看,中国人工智能市场规模从 2016 年的 154 亿元增长至 2020 年的 1 280 亿元,年复合增长率达到 69.79%,预计 2022 年将增加到 2 729 亿元;从市场结构上看,中国人工智能行业按照应用领域可分为决策类人工智能①、视觉人工智能②、语音及语义人工智能③和人工智能机器人④四大类别,目前视觉人工智能的市场占比最多(43.4%),其次分别为决策类人工智能(20.9%)、语音及语义人工智能(18.2%)和人工智能机器人(17.4%);从投融资情况上看,2016年到2018年中国人工智能投融资情况呈现增长趋势,2019年开始,中国人工智能市场投融资事件数量开始下滑,整体市场开始冷静,投资金额有所上升,截至2021年7月,投融资事件达506起,投融资金额达1 839.92亿元;从企业注册量上看,2017年人工智能上升为国家战略后,相关企业年注册量首次突破1万家,2019年注册量已达到4.26万家。2020年注册量增至17.10万家。

目前,中国人工智能重点企业包括华为、京东方、科大讯飞、寒武纪、阿里巴巴、百度AI、商汤科技等,涵盖芯片、半导体、数据、平台、应用等众多领域。中国人工智能行业发展前景广阔,主要体现在以下三个方面:一是人工智能和实体经济融合发展空间大。人工智能正由技术研发走向行业应用,形成从宏观到微观各领域智能化新实践,逐步渗透到制造、交通、医疗、金融、零售等多个行业。人工智能发展催生出新技术、新产品、新产业、新业态、新模式,为产业变革带来新动力,人工智能和实体经济的深度融合,也将驱动人工智能行业发展。二是5G赋能人工智能产业驶入快车道。中国5G发展取得领先优势,无论是累计建成5G基站、5G手机端用户连接数,还是5G标准必要专利声明数量,都位列全球首位。5G具有大连接、低延迟和高带宽三个核心特点,这些特点可以从不同侧面进一步加速人工智能技术的发展、应用、落地,促进整个供应链的智能升

---

① 决策类人工智能是指识别数据中的隐藏规律,指导基于数据洞察的决策过程,并解决与核心业务运营密切相关的问题,主要应用于智能营销、风险管理、供应链管理优化等领域。
② 视觉人工智能是指基于视觉数据识别、追踪和测量物体,并将这些信息转化为洞察和判断,主要应用于智能门禁、公共安全监控、光学字符识别等领域。
③ 语音及语义人工智能旨在与人类识别、生成和交换语音、文本等语言信息,以在某些重复的沟通场景中节省人力,主要应用于智能客服、智能转录、交互式语音应答等领域。
④ 人工智能机器人用来代替人类执行某些重复性高或危险的任务,主要应用于工业无人机、自动导引车、手术机器人等领域。

级。三是技术加强带动行业发展。首先,互联网的快速发展使高质量、大规模的大数据成为可能,海量数据为包括计算机视觉在内的人工智能技术的发展提供了充足的原材料;其次,以多层神经网络模型为基础的算法,使得机器学习算法在人脸识别等领域的准确性得到了飞跃性的提高,为商业化应用奠定了重要技术基础;再次,以 GPU 为代表的新一代计算芯片提供了更强大的计算力,使得运算更快,同时在集群上实现的分布式计算,帮助算法模型可以在更大的数据集上运行。数据、算法与算力三大因素的不断进步,极大地促进了人工智能技术的发展。

同时,也要清醒地认识到,中国人工智能整体发展水平与发达国家相比仍存在差距:缺少重大原创成果,在基础理论、核心算法以及关键设备、高端芯片、重大产品与系统、基础材料、元器件、软件与接口等方面差距较大;科研机构和企业尚未形成具有国际影响力的生态圈和产业链,缺乏系统的超前研发布局;人工智能尖端人才远远不能满足需求;适应人工智能发展的基础设施、政策法规、标准体系亟待完善。未来中国的人工智能必须加强基础研究,优化科研环境,加快核心基础领域突破,构建不同方式的政策参与机制,重视人工智能治理,识别并防范人工智能技术应用产生的各类型风险,从而推动中国人工智能产业的快速发展。

第三节　人工智能的核心技术

一、人工神经网络

人工神经网络(Artificial Neural Network)也称连接网络、并行分布式处理系统或神经计算机,是模仿生物神经系统进行简化和抽象的一种算法,是实现机器学习的一种重要方式。它对人脑或任何自然生物神经网络的基本特征进行抽象化模拟,使用大量相互连接的神经元算法模型,模仿大脑生物神经网络的某些机制与原理。

(一)工作原理及特点

人工神经网络是类似人类神经系统的数据处理模型,它的基础是神经元节点和权值。神经元节点是神经元之间的连接点,权值表示节点之间的连接强度。人工神经网络从数据处理的角度抽象化人类神经系统,建立单独的神经元模型,并按照不同的连接方式与权值组成各种类型的网络。

人工神经网络的训练方式与人类的认知过程相似。人类的神经系统刚开始处于空白状态,在各种外部信号的刺激下逐渐发生改变,最终形成完善的神经系统,并具有了对外部信号作出正确反应的能力。人工神经网络根据外部输入的信息改变自身结构和权值,依据输入数据建模,从而具有了信息处理的能力。可塑性是人工神经网络最大的优势,适当调整节点和权值,人工神经网络就可以对各种外部输入信号作出正确反应。

人工神经网络具有强大的模式识别能力和函数拟合能力,并具有以下特点:

①具有自学习和自适应能力。人工神经网络可以根据新的输入训练样本自行调节结构和权值,生成新的映射关系,从而达到网络的自学习和自适应。

②具有高阶非线性函数的拟合能力。人工神经网络可以以任意精度模拟高阶非线性函数。因此,人工神经网络提供了一种高精度、高效率的建模方法。

③容错性能高。人工神经网络信息存储在结构和权值中,局部网络失效不会对最终输出结果产生致命影响。

④采用信息并行处理方式,计算效率高。人工神经网络的结构特征决定了其计算采用并行处理方式。同一层神经元同步处理输入信息,并将输出信号同时传递到下一层神经元。这种信息并行处理方式极大地提高了模型的计算效率。

人工神经网络已经广泛应用于系统控制、回归与拟合及优化设计。人工神经网络与优化算法的结合在进行多目标优化时可以有效提高算法的精度与效率。

（二）工作机制

人工神经网络由三个基本要素构成：连接权、求和单元和激活函数。人工神经网络结构如图 4-2 所示。

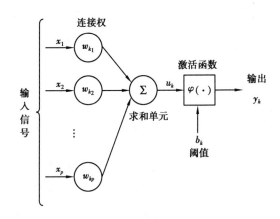

图 4-2　人工神经网络结构

连接权代表的是输入信号的权重，连接权每组信号对神经元的影响不同，当一组信号的权重为负数时，就会抑制神经元激活函数的信号传输，反之就会激活神经元的信号传输；求和单元指的是线性函数，线性函数对加权的输入信号进行线性加总；非线性激活函数主要是用于实现神经元信号的输出，当输入信号的加权和超过阈值 b_k 时，非线性函数被激活，并将神经元的输出控制在一定范围内。激活函数的动态范围介于 -1 至 1 之间，或 0 至 1 之间。许多激活函数在复杂性和输出方面有所不同。

人工神经网络的一个重要特点就是能够从外界获取信息，并且按照预定好的范围不断地调节自身的参数（如权重、阈值），使神经网络不断地改善自身性能，这种过程称为训练。神经网络这种自主学习进行调优的特性，是其成为人工智能领域中重要算法的重要原因。

二、机器学习

机器学习(Machine Learning)是从有限的观测数据中发现一般性的规律,并将规律推广应用到未观测的样本上。人工智能的研究目的是希望机器能够像人一样具有智能化特征,能够进行学习,进行高强度数据的分析推理,最终代替人类高效地完成业务操作。机器学习理论是人工智能的技术核心,主要是设计和分析让计算机自动"学习"的算法,也是人工智能发展到一定阶段的产物。

(一)工作原理

机器学习的本质同人类学习一样,通过不断地学习积累,获取经验,找寻规律,进行预测。机器学习使计算机具有智能化的特征,其应用遍及人工智能的各个领域。机器学习最基本的做法,是从训练数据和历史中学习,通过经验进行改进和完善,交互增强并生成用于预测问题输出结果的模型。其工作机制包括:①针对所需要解决的问题,进行数据搜集。②数据清洗,避免数据出现格式不统一、缺失、异常以及错误等问题。③样本数据拆分,通常分为三组,分别用于训练算法、验证算法和测试算法。④使用目标函数构建模型,训练数据。在训练阶段,利用训练集获得最优权重以及所需设置的所有参数(超参数)。⑤验证集也称开发集,主要用于优化机器学习模型的参数,包括确定隐藏层单元的最佳个数,或确定反向传播算法的停止点。⑥如果模型在验证数据阶段表现良好,将会对未知数据测试,并对测试结果进行模型的优化,使结果更加精确,执行效率更高。

(二)学习模式

机器学习有多种不同的分类方法,根据学习模式的不同,机器学习可分为监督学习、无监督学习和强化学习。

1.监督学习

监督学习是最简单且最常见的自动学习任务,也称有教师学习。从给定的训练数据集中提取出函数或模型参数,当新的数据到来时,可以根据这个函数预测结果。监督学习的训练集要求包括输入输出(也称特征和目标),训练集中的目标是由人标注的。监督学习通过已有的训练样本得到最优模型,再利用最优模型将所有的输入映射为相应的输出,对输出进行简单的判断,以达到对未知数据分类的目的。常见的监督学习算法有回归分析和统计分类。

图 4-3 给出了监督学习的典型工作流程。技术人员执行特征操作,包括预处理、特征提取和选择,以获取具有特征和标签的合适数据测试并开发模型。

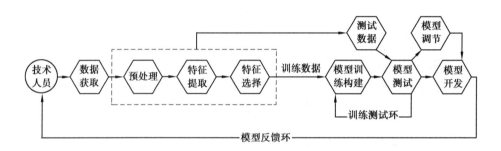

图 4-3　监督学习流程

2.无监督学习

无监督学习也称无教师学习,没有预期输出数据,只有外界的输入数据,因此无法根据实际值与预期输出值的偏差进行参数的优化调整。只能依靠输入数据的自有特征和规律进行学习,然后自发地调节参数,用来表现出外界输入的一些特征。

机器学习中的无监督学习是对没有标记的训练样本进行学习,发现训练样本集的规律和结构特征。无监督学习的方式对预测结果的选择性较大,预测结果不局限于某些特定的预测类型。由于是无监督学习,因而人为干预较少,结果具备一定的客观性,但是一般无监督学习的计算过程复杂,需要大量的分析,才有可能获得较好的预测结果。典型的无监督学习是聚类(Clustering),尽管数据点未进行标记,但仍可以进行必要的特征操作,并进行分组,同一组中的对象

（称为一个聚类）在某种意义上比其他组（其他聚类）中的对象更加相似。图 4-4 给出了无监督学习的典型工作流程。

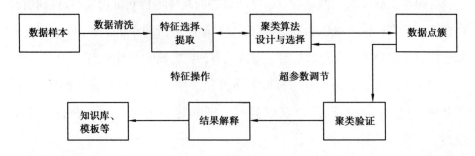

图 4-4　无监督学习流程

3.强化学习

强化学习主要是通过与环境的交互作用不断优化决策来实现的。强化学习是模拟人适应环境的过程，即通过与环境的交互，获得环境的"奖励"和"惩罚"反馈，然后调整自己的行为，循环反复，最后形成一个"智能体"。强化学习不需要预先输入数据，通过主动与环境进行接触和反馈，得到强化信号，调整下次选择的动作，改进模型。实质上强化信号是环境对系统行为的一种标量奖惩。在任务中，学习机制可以通过选择和执行动作改变系统的状态。强化学习的目标是在任何给定的状态下选择某一个动作，得到最优的动作序列。

监督学习、非监督学习和强化学习的区别见表 4-3。

表 4-3　监督学习、非监督学习和强化学习的区别

内容	监督学习	非监督学习	强化学习
输入	已标记的数据集	无标记的数据	决策过程
反馈	直接反馈	无反馈	奖励
用途	分类、预测等问题	发现隐藏结构，比如聚类	动作行为控制

三、深度学习

深度学习(Deep Learning)是指从数据中学习构建一个"深度学习"模型。深度学习作为机器学习技术的一个分支①,更多地体现为特征学习或表示学习,目的是创建模拟人脑神经网络,模仿人脑对数据阐释的机制,从而更好地实现人工智能。深度学习可以自己生成模型,并自动学习好的特征表示,提升预测或识别的准确性。

深度学习是基于神经网络发展起来的,实质为一系列网络模型学习与训练算法。通常情况下,单一神经网络逻辑结构较为简单,主要由输入层、隐藏层和输出层等构成。其中,输入层的作用是接收信号,隐藏层的作用是对数据进行分解和处理,输出层的作用是得到结果。各层中的圆代表着一个对应的处理单元,也就是一个神经元。多个处理单元构成一层,多个层级形成网络,即"神经网络"。深度学习是基于低层特征,慢慢发展成更为抽象的高层特征,一般借助数据的分布式特征表示。深度学习非常注重模型结构的深度②与特征学习③。图 4-5 给出了深度学习模型的示意图。

深度学习主要存在两种学习模式:监督学习和无监督学习。深度学习中的监督学习通常是指采取带标签的数据从上向下进行训练,并对网络实施微调。对于深度学习来说,第一步的特征学习最为关键,它影响着整个模型算法的效果。通过第一步的特征学习,获得各层参数,然后根据与预期值的差异,对多层模型的参数进行调整,直至达到预期目标。深度学习中的无监督学习一般采取不带标签的数据进行训练,需要从底层起,逐层向上进行训练,相对于监督学习在稳定性上更难实现。不同于监督学习通过第一步的特征学习,获得各层的参

---

① 根据算法的不同,机器学习可分为传统机器学习和深度学习。
② 深度是指原始数据进行非线性特征转换的次数。如果把一个机器学习系统看作是一个有向图结构,深度也可以看作从输入节点到输出节点所经过的最长路径的长度。
③ 特征学习是指基于逐层的特征变换,将样本在原空间的特征表示变换到一个全新的特征空间,以此来使分类或是预测等活动更为准确、便捷。

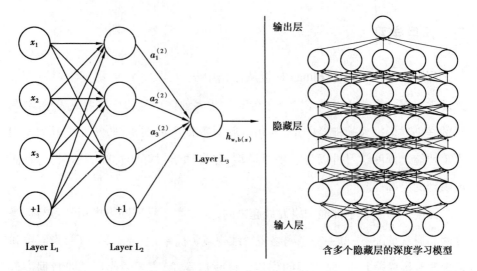

图 4-5　深度学习模型

数,无监督学习需要对各层进行训练以获得各层参数。无监督学习的操作过程是,先选取无标定数据进行第一层学习参数的训练,此层可看作一个隐藏层,主要作用是使输出输入变为相差仅仅只有三层的最小神经网络,然后通过上下两层的相互影响,不断进行参数优化。受到模型容量与稀疏性的影响,所构建的模型能够学习到数据的内在结构,获取到比输入更具代表性的特征;模型在学习 $n-1$ 层后,把 $n-1$ 层的输出作为第 n 层的输入来训练第 n 层,最终分别得到各层参数。

　　在深度学习中逐层学习,表现的形式非常复杂,而且中间的层级需要对上下层进行考虑,因此,深度学习中无监督学习模型的建立比在数据训练过程中采用监督学习的方式更加困难。典型的监督学习应用模型有卷积神经网络,无监督学习模型有深度置信网络等。

（一）卷积神经网络

　　卷积神经网络(Convolutional Neural Network,CNN)最初用于处理图像问题,基于卷积神经网络的自然语言处理模型,主要应用在文本分类的任务中。卷积神经网络最大的优势在于,可以捕捉信息的局部相关性和空间特征。卷积神经网络的结构图如图 4-6 所示。

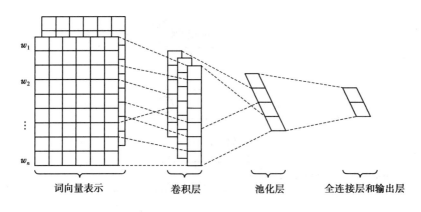

w_1
w_2
w_n

词向量表示　　卷积层　　池化层　　全连接层和输出层

图 4-6　卷积神经网络结构图

卷积神经网络利用大量的标注训练词向量模型,通过预训练好的词向量模型将相关数据转化为词向量,接着通过卷积层、池化层和全连接层得到分类结果,卷积神经网络能够更有效地提取出文本特征并进行分类。

(二)深度置信网络

深度置信网络(Deep Belief Networks, DBN)是由多个堆栈单元叠加而成的深度生成式网络,可用于手写文字识别和语音识别。多层受限玻耳兹曼机(Restricted Boltzmann Machine, RBM)和 BP 分类器是深度置信网络的经典架构,如图 4-7 所示。

深度置信网络将无监督学习(RBM)和有监督学习(BP)相结合。训练一个深度置信网络包含预训练和微调两个阶段。预训练阶段采取无监督的贪婪逐层学习策略[①],自底向上逐层训练每个受限玻耳兹曼机。通过该过程可实现对原始数据特征信息的逐层提取,进而抽象出数据的高级特征表示。微调阶段采取有监督的学习算法(比如 BP 算法和支持向量机)对网络的部分或全部参数进行调整,通过该过程可以完成分类和识别的任务。在微调阶段用作分类任务的 BP 一般位于深度置信网络的最后一层。

---

① 贪婪逐层学习策略是指在对问题求解时,总是做出在当前看来是最好的选择。也就是说,不从整体最优上加以考虑,得到的是在某种意义上的局部最优解。

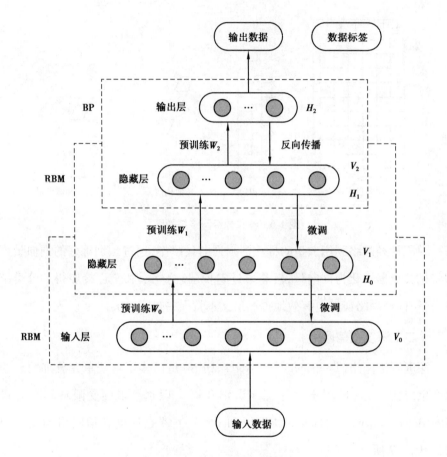

图 4-7　深度置信网络架构图

第四节　人工智能在金融领域的应用

一、人工智能对金融领域的影响

人工智能对金融领域的影响可以从微观经济层面和宏观经济层面进行考虑。

（一）微观经济层面

在微观经济层面，一是对金融市场的影响。人工智能的应用能够大幅提升金融体系处理信息的效率，使市场参与者能够更广泛地采集和分析信息，降低市场参与者的交易成本，进而减少金融信息的不对称性。

二是对金融机构的影响。人工智能的使用通过降低成本和风险，有助于提升金融机构的盈利能力和效率，较强的盈利能力有助于应对风险，最终有利于整个金融系统的稳定。

三是对金融消费者和投资者的影响。由于人工智能有助于金融机构降低成本、提高服务效率，所以消费者和投资者可以享受更低廉的费用和融资成本，获得更便捷和个性化的金融服务。

四是对金融监管的影响。随着人工智能逐渐惠及社会，人工智能安全风险降低和社会治理等问题将逐步提上日程，越来越多的国家开始考虑并制定人工智能监管政策。比如由于程序化交易已经成为市场交易的主流，可能会放大系统性金融风险，因此部分国际监管规定制定者已经开始考虑应对与程序化交易有关的风险。

（二）宏观经济层面

在宏观经济层面，一是对金融市场集中度的影响。人工智能可能仅由少数大型技术供应商掌握，会加剧金融系统某些功能的集中度。但考虑到人工智能能够改变传统的银行服务模式，推动新公司加入金融服务体系，这在某种程度上反倒会降低单个大型银行的系统重要性。因此，对集中度或系统重要性的影响很难准确估量。

二是对金融市场稳定性的影响。一方面，人工智能使金融交易更加分散，能给客户提供更多个性化的交易建议，减少了金融产品价格扭曲，有助于促进金融系统的稳定。但另一方面，与传统的交易模式相比，依靠机器学习通过运算程序实现的新交易模式很难被预测，既可能因提高交易效率而提高金融市场的流动性,也可能为实现收益最大化的目标而使金融机构乃至金融市场陷入流动性风险。

三是对金融市场关联性的影响。人工智能的应用会强化金融市场和机构间的相互关联,导致以往无关联的宏观经济变量、金融市场价格、各种非金融企业部门(电子商务、P2P、B2B 等)之间的关联性变强。金融系统更广泛的联系有助于分担风险或在某种程度上吸收冲击,但同时也会加剧重大风险事件造成的冲击和影响的传播。

四是人工智能应用的其他影响。比如人工智能在保险市场的应用会减少道德风险和逆向选择,但这有可能会破坏保险业的风险分担功能,而且更准确的风险定价会增加高风险人群的保费或导致部分人难以获得保险服务。在金融领域,如果使用的人工智能工具没有进行适当的调整或有效的实践检验,那么相关模式化的系统可能会产生新的金融风险。

二、人工智能在金融领域的应用场景

人工智能可以分析处理金融数据,挖掘背后的潜在价值,提供更好的客户体验。人工智能在金融行业不断取得突破,推动银行、保险、证券投资等方面的智能化发展。人工智能在金融领域的应用场景主要包括智能客服、智能投顾、智能风控、智能营销、智能支付和智能理赔。

(一)智能客服

智能客服是一个用语音或文字同客户进行对话交流的计算机系统,也常称为"对话机器人"。智能客服既可以用于智能问答,也可以用于智能座席辅助。由于人工智能可以代替人完成那些烦琐、单一的工作,并为客户提供更为周到、耐心、高效的服务,在降低成本的同时,提升用户体验。因此由智能客服部分替代大量人工客服的工作正在成为趋势。

智能客服的主要功能有:①7×24 小时全天候在线智能客服,系统稳定性高,可同时接入大量客户,无须排队等候,随时响应客户的相关咨询和需求;②建立客服机器人的内容库,用深度学习的方式自动回复重复问题;③接入人工时机器人给予部分回复建议,加快反馈速度;④接入内部办公系统,推动多部门协作反馈以及用户精准营销;⑤后台实时数据统计汇总,管理用户评价,进行数据挖掘和数据分析,辅助商业决策。客服语音记录转文字,利用自然语言处理技术分析文本,挖掘客户信息,辅助制订企业商业策略。

(二)智能投顾

智能投顾是指运用云计算、大数据、机器学习等技术将资产组合理论、其他资产定价及行为金融学理论等金融投资理论应用到模型中,再将投资者风险偏好、财务状况及理财规划等变量输入模型,为用户生成自动化、智能化、个性化的资产配置建议,并对组合实现跟踪和自动调整的金融服务新模式①。

对于用户端,智能投顾可以利用计算机分析用户财务状况、收益目标以及历史投资数据来确定个人的风险偏好,有助于用户避免冲动性、贪婪性、过于谨慎性投资。对于投资端,智能投顾可以利用云计算、大数据、智能算法、机器学习等技术,学习已有的成功的投资组合理论、资产定价理论、金融学理论,并在此基础上构建投资模型,从而给投资者提供资产配置建议,并跟踪投资状况,实时调整。从资产类别上,智能投顾不局限于某一只股票或某一个资产,形成资产组合;从地域上,智能投顾配置全球资产,以达到降低风险,获得长期可持续稳定收益的目的。

和传统投顾相比,智能投顾最大的特征就是门槛低、费用低、效率高。因此,其对作为互联网金融"长尾客户"的中低净值人群颇具吸引力。

---

① 智能投顾应用到保险领域,也会相应形成智能保顾新模式。智能保顾即智能保险顾问,是指基于人工智能、大数据等技术,以自动化的方式为用户提供保险服务咨询、风险测评与保障需求分析、保险产品比价与推荐、保单统一查询与管理等服务的智能化应用。智能保顾通过机器学习的方式获取保险领域的专门知识和经验,并自动更新产品库,与人类保险顾问相比,具有更高的服务效率和更低的服务成本。

（三）智能风控

智能风控是运用人工智能技术有效地挖掘数据，进行客户风险刻画，并设置风险管理标准和风险警戒线，从多个环节实现自动化的风险管理[①]。近年来，我国银行的不良贷款率和规模呈显著上升的态势，智能风控从贷前、贷中、贷后均有规范化处理，能够迅速发现风险并及时采取措施。

银行在贷前利用机器学习了解客户的消费习惯和消费水平，对客户贷款金额有一个合理的预期。在客户办理业务时，银行采用人脸识别准确核对客户信息，追溯社交行为、购物偏好、搜索等记录，同时根据央行征信记录，以及公安机关和法院的相关数据，确认客户的社会信息，横向对比客户信息，综合客户在其他平台的借款记录，更进一步判断客户的市场表现。银行在贷中结合客户的现场表现，利用微表情技术识别判断客户的贷款真实性，对客户进行语音识别，确保贷款流程规范。在贷后的处理中，银行利用人工智能技术规范化管理，在还本付息日前对客户进行还款提示，一旦发生违约状况，启动自动催收系统，极大地提升了工作效率，降低了风险。

（四）智能营销

智能营销是通过对客户"千人千面"的精准定位，针对不同客户，提供针对性的营销策略和个性化的服务产品，使得银行和保险机构的金融服务模式从被动等待向主动出击发展。银行和保险机构可以通过知识图谱技术、大数据分析等为客户全面画像，并据此定位意向客户和潜在意向客户。具体而言，通过大数据分析、人工智能等技术，可以过滤掉不符合目标人群特征的客户，精准筛选出高意向客户；通过场景化引流、大数据分析等，可将信贷、保险等金融服务与衣食住行等各类场景结合起来，实现精准化营销。与此同时，人工智能还可以

[①] 智能风控除了能用于银行与互联网金融机构的信贷风控和反欺诈之外，还能用于证券异常交易行为和违规账户侦测，也能用于保险风控。

帮助客户在选择、比较金融产品和服务时,通过与机器的交互,更好地了解金融产品和服务,实现个性化推荐。因此,人工智能技术在营销获客环节的引入,有助于提高银行和保险机构的新客户覆盖面、营销活动转化率和沉睡客户唤活率,并可加强对客户服务的主动性、针对性和有效性,进而提升客户的黏性。

（五）智能支付

随着人工智能技术的发展,密码验证、手环、扫码等支付方式,已不能够满足消费需求。目前新兴的支付方式,像面部识别、指纹支付受到大众的喜爱,不仅便捷,识别快速,很难伪造,而且识别准确率也非常高,现已成为商业银行进行客户身份验证的第一选择。依靠生物特征识别技术的身份认证和无感支付正在迅速发展,能够快速完成身份认证,摆脱烦琐的验证过程,极大地节省了时间,提高了社会运行效率。2015 年,支付宝正式上线了人脸识别支付功能;2018 年,银行推出了含有声纹技术的手机银行,未来无感支付必将得到大范围的应用。

（六）智能理赔

在保险业的传统理赔模式中,保险公司需要派工作人员到现场勘查被保险人或被保险物的受损情况,理赔流程比较烦琐,存在"流程长""时效低""纠纷多"的问题。智能理赔综合运用人工智能技术,打破了传统模式下的"人勘探、人审核、人赔付"机制,转为智能图片定损、自动理算。比如,在车险理赔中,智能理赔无须保险公司派员现场勘探,车主拍摄并通过网上系统上传照片,经过图像智能处理(解决是否拍好的问题)—智能定型定件(确定是什么车)—部件分割归集(定位什么坏了)—损失程度识别(判断破损程度)4 个环节,即可实现自动精准定价。整个过程都是系统自动完成,无须人工审核,因而可极大地提高车险理赔的定损、理算效率,自然也就极大地提升了客户的便捷体验和满意度,并可降低理赔欺诈发生的可能性。

应用案例

人工智能在保险行业的应用

> **人工智能对保险行业的影响**

随着腾讯、阿里、京东等互联网巨头纷纷进入保险业,传统保险业受到了前所未有的冲击,科技创新逐步颠覆保险业的商业模式,变革保险业的经营方式。

1.**对保单生命周期的影响**。人工智能可替代保单生命周期的多个处理环节,可以代替诸如保单录入、核保、收付费、理赔、保全等很多人工操作,在降成本、提效率方面有很大变革空间。

2.**对核心业务的影响**。保险产品设计基于大数法则,人工智能技术可帮助或替代精算师分析海量数据,设计精确、特征鲜明的产品。同样的,理赔理算环节若采用人工智能技术来识别图像,做出精准匹配,则可以极大地提升客户满意度。在产品销售环节,人工智能则更为标准化、专业化,可避免销售误导和潜在风险。在风险控制环节,可基于大数据基础,在身份核实、征信及反欺诈方面发挥人力所无法达到的程度。在资金运用环节,同样能借助专家系统、智能投顾做出更为精准的判断。

3.**对客户服务的影响**。机器人客服同样可替代传统客服人员,解决客户的大部分常规问题,在智能查询方面甚至比人工客服更准确、更高效。

4.**对满足客户个性化需求的影响**。在广泛的数据基础上,人工智能技术可实现对客户的个性化分析,找出最适合的保险产品和增值服务,从而实现"以客户为中心"的目标,使客户获得更好的用户体验。

> **人工智能在保险行业的应用前景**

保险行业丰富的数据资源为人工智能的应用提供了诸多场景,相应地,人工智能也为保险业价值链重构发挥着重要的作用。

1.替代简单重复性操作。保单契约录入、核保、收费等简单重复性的人工操作，可以通过机器学习实现智能处理。人工智能的语音识别及智能分析技术、人脸识别技术可用于智能客服领域，智能客服可以大幅度减少耗时费力的重复性人力工作，从而降低运营成本。

2.满足客户个性化需求。利用人工智能技术，通过数据分析形成客户画像，对客户进行特征分析，定制专属产品和服务，为客户提供最适合的营销活动并定向、精准地投放给客户，实现最佳客户体验。

3.改进产品设计缺陷。人工智能可以改进产品体验，进行在线产品设计和内容推荐，为客户设计个性化、碎片化的保险产品。多维度的大数据分析能辅助保险精算更准确地度量产品风险，提升产品风险定价能力，提供差异化定价，实现产品创新和个性化定制。

4.变革保险销售模式。人工智能可简化产品购买方式，标准化销售流程与话术，优化客户体验，避免销售误导，也能极大地降低营销人力成本。尤其智能交互机器人可以与客户进行交互，通过运用知识图谱，可以高效且相对准确地了解客户。还能够筛选客户信息、查询保单和查询费率等，从而提高客户存留率，实现客户价值最大化。

5.发挥智能决策作用。在核保、理赔、投顾等领域，能通过人工智能实现智能决策，有效控制风险。智能投顾的核心是充足的数据积累与算法模型，可以根据客户的风险承受能力、风格偏好或自身理财需求，运用智能算法及投资组合优化等理论模型，为客户提供最合适的投资参考，指导客户更恰当地购买保险。

在核保环节，可根据筛查规则先进行在线核保，再对筛查后的保单进行人工核保，这既可以简化核保流程，提高核保效率，又能相对使承保条件更宽松，提升了常见非标人群的投保便捷度。

在理赔环节，基于图像识别技术，能快速查勘、核损、定损和反欺诈识别，较传统的人工核损流程极为节省时间，能明显提升理赔效率，降低骗保概率。采用智能理赔风险输入、加工和预警输出,能够定义风控规则进行筛查,完善理赔风险闭环管理机制。投顾环节没有吗?

此外,通过大数据,能提高信息搜索、流转效率与准确度,自动识别场景中的风险,对保险操作风险进行积极管理,提升服务时效和服务质量。

最后,保险业自身正处在发展和变革的进程中,传统业务发展面临瓶颈,必须通过模式创新、产品创新、服务创新等方式走创新发展的道路。在人工智能飞速发展的时代,保险行业要抓住机遇,依靠新思维、新技术,发挥经济"助推器"和"稳定器"的作用。

资料来源:王玮. 人工智能在保险行业的应用研究 [J]. 金融电子化,2019(1):75-76.

三、智能金融的内涵及其发展历程

(一)智能金融的内涵

智能金融(AI finance)是指人工智能技术与金融产品和服务的动态融合,通过利用人工智能技术,创新金融产品和服务模式、改善客户体验、提高服务效率等,推动金融行业的智能化发展。智能金融的参与主体不仅包括为金融机构提供人工智能技术服务的公司,也包括传统金融机构、新兴金融业态以及金融业不可或缺的监管机构等,这些参与者共同组成智能金融生态系统。智能金融真正地做到了以客户为中心,依靠大数据和算法模型,获取客户的需求,有效地解决了金融产品和客户需求错配问题,拓宽了金融服务的广度和深度,重塑了金融价值链和金融生态,实现了普惠金融。

智能金融本质上是人工智能技术驱动的金融创新,因此,可以从金融和科技两个维度来理解智能金融。从金融角度来讲,智能金融的发展依附金融产业链,涉及从资金获取、资金生成、资金对接到场景深入的金融资金流动全流程。从科技角度来讲,智能金融发展是基于人工智能技术的智能客服、智能投顾、智能风控、智能营销等智能解决方案,对银行、证券、保险等金融业态的创新。

对比传统金融和智能金融,可以发现传统金融具有以下四大局限:一是风险控制要求高,存在漏洞。风险控制是金融业的核心,但是目前风险控制管理的过程存在着效率低、信息不对称、更新速度慢、人力成本高、缺乏统一评估标准等问题,从而引发不良贷款、影子银行、骗保、假标的、薅羊毛等一系列金融风险,金融机构亟须新技术来有效控制风险。二是客户量、服务量庞大,个性化服务成本高。金融业的客户量及服务需求量巨大,由于金融服务不同于一般商品,它需要根据客户自身的情况,为客户匹配现有的金融产品或定制个性化的金融服务,目前这个过程主要由人工完成,成本较高。三是金融产品种类多,数据管理复杂。由于客户量大,且每个客户的需求不尽相同,目前金融市场存在着各种不同的金融产品,且每天进行着大量的交易,因而金融机构积累了庞大的客户数据、金融产品数据及交易数据,但是这些数据并没有得到有效利用。四是客户的金融知识匮乏。中国消费者金融素养指数为 66.81,其中,金融知识平均得分仅有 65.21,消费者对分散化投资等基本金融常识缺乏足够的认识,同时对金融投资的收益预期呈现非理性特征[①]。金融知识匮乏的消费者,有的从不购买金融产品或服务,有的在购买产品或服务时需要金融机构提供指导,目前这些指导服务主要由人工完成,成本较高,效率却比较低。

而智能金融具有以下五大优势:一是自我学习,数据有效利用。智能金融可以利用"云"记录海量金融数据,输入人工智能算法分析,从而得到有意义的结论。金融行业每日还会产生大量新的实时交易数据,算法模型不断被修正和改进。二是精准分析,挖掘潜在规律及风险。智能金融可以跟踪数据源,挖掘客户的行为和偏好,进行精准营销。人工智能模型会对异常数据实时监测,发现和控制欺诈、洗钱等不良行为带来的风险。三是快速响应,高效处理。智能金融可以自动执行较复杂的流程操作,利用图像识别、逻辑判断和情感识别等

[①]　数据来源:中国人民银行金融消费权益保护局. 消费者金融素养调查分析报告(2021)[R/OL].人民银行官网.

技术,将传统金融服务中的流程简化及标准化,提升事务处理效率。四是个性化定制,服务升级。智能金融可以根据个人的偏好信息、金融财产现状等数据提供定制化的服务。人工智能具备人类的逻辑思考能力,可以提供智能客服、智能投顾等服务。客户可以随时随地咨询金融相关信息。五是成本低,可扩张性强。智能金融具有低成本、低门槛的特性,使金融服务不仅可以在一、二线城市扩张,还能以较低的价格向三、四线城市下沉,让更多民众享受优质的金融服务。

(二)智能金融的发展历程

1.起步探索阶段(1998—2002 年)

第一阶段是 1998 年开始的 1.0 版电子金融阶段,该阶段的主要形式是银行、证券公司等金融机构进行电子化的业务处理,提高了存款、贷款和汇款等业务的办理效率,降低了工作量,使金融服务的提供从孤立的"点"转向经由计算机存储的有结构、有组织的"线"。

2.发展应用阶段(2003—2013 年)

第二阶段是 2003 年开始的 2.0 版网络金融阶段,以软件技术、互联网和移动互联网、云计算为主要科技特征,表现为金融服务在网上展开,比如网上支付和手机银行,这一阶段的主体为科技初创公司。2004 年,支付宝诞生;2012 年,建行推出"善融商务",开展电商业务的线上金融服务。网络金融的发展拓宽了金融应用的覆盖面,使金融由"线"发展到"面"。

3.融合升级阶段(2014 年至今)

第三阶段是 2014 年开始的 3.0 版智能金融阶段,金融科技公司携手传统金融机构回归金融本质,打造立体金融。这一阶段主要表现为大数据、云计算、人工智能等智能技术与金融的高度融合,金融机构将技术应用于智能客服、智能投顾、智能风控、人脸支付等领域。2016 年,金融科技公司与传统金融机构展开高度合作,招商银行"摩羯智投"上线,交通银行"大数据+人工智能"实验室成立,百度携手中信成立国内第一家直销银行"百信银行"等,科技深入金融行业领域,服务广度和深度不断打开,金融服务由"面"转为"立体"。

四、智能金融的主要风险及其应对策略

（一）智能金融的主要风险

人工智能技术在为金融行业带来变革并催生金融创新的同时，也必将使金融生态面临全方位的挑战，这些挑战既包括传统金融业与科技本身固有的风险，也涵盖金融与科技融合过程中新生的问题，包括人工智能的算法技术风险、数据质量和隐私保护的风险以及新型系统性风险。

1.人工智能的算法技术风险

数据、算力、算法是人工智能的三个核心要素，是支撑人工智能在各个领域快速应用的基础。在算法上，人工智能算法的过程和原理往往存在不透明的问题，输入和输出之间存在"算法黑箱"，中间的分析、决策过程对用户来说是不透明的，将导致智能金融的算法风险。算法透明性和可解释性差，一方面，会导致智能金融产品难以得到普遍接受，智能风控系统的稳健性难以获得高度信任；另一方面，也会导致智能金融产品存在极大的"暗箱操纵"风险。比如智能金融发展的一个重要目的是提升金融服务的普惠性，但是如果智能金融发展建立在大数据偏见和歧视性选择的基础上，金融服务的不公平可能会加剧。

在技术上，一旦技术不够成熟和安全，智能金融发展就会产生技术风险，导致智能金融产品营销、定价、风控出现系统性偏误。比如，数据投毒通过在训练数据里加入伪装数据、恶意样本等，破坏数据的完整性，可导致算法模型决策出现偏差；对样本进行人为攻击，可导致智能系统产生错误的决策结果；动态环境的非常规输入，可导致智能金融系统出现运行错误；模型窃取攻击，可对算法模型的数据进行逆向还原；开源学习框架存在安全风险，导致智能金融系统数据泄露。近年来，360、腾讯等多家大型企业安全团队已多次发现深度学习框架及其依赖库的安全漏洞，攻击者可利用相关漏洞篡改或窃取人工智能系统的数据。

2.数据质量和隐私保护的风险

数据是人工智能技术与金融业务快速融合发展的关键要素,但这也使得智能金融发展面临严重的数据质量和隐私保护问题。

一方面,数据质量和安全会直接影响人工智能系统算法模型的准确性,进而威胁信贷和保险业务智能获客的可得性以及智能定价的准确性、智能风控的稳定性。

另一方面,智能金融的快速发展可能会反过来导致个人数据的过度采集,加剧隐私泄露的风险。技术是中性的,人工智能技术在提升金融服务效率和质量的同时,如果管控不当,风险也会随着网络攻击的智能化水平的提升而加剧。比如,如果在数据脱敏管理、敏感信息风险评估和数据泄露检测等关键环节的管控不到位,一旦智能技术被恶意利用,智能金融就会演变成对金融数据的智能窃取,个人隐私和数据安全就会遭受威胁。此外,人工智能的大规模应用,还间接产生了数据权属、数据违规跨境等问题。

3.新型系统性风险

在信息科技和智能算法带来的系统性风险方面,由于智能金融建立在人工智能、大数据分析等新兴信息技术之上,信息科技风险更加突出。在技术支撑上,许多智能金融业务采用的是相同的大数据分析、人工智能算法,因此一旦这些技术和算法被破译或遭受黑客攻击,所有应用这些技术的智能金融业务体系都会在短时间内陷入瘫痪或遭受重大损失。与此同时,人工智能也存在着算法一致性的问题,可能导致智能金融产品存在市场单边共振风险或"算法共振"风险,从而加剧市场波动。

在业务模式和服务对象带来的系统性风险方面,获客、定价、风控能力的提升,使得智能金融发展更加注重"尾部效应"和"网络效应"。而风险一旦爆发,这些效应可能会反过来放大风险的传染性和影响面,诱发更大的"羊群效应"。风险跨业务、跨市场、跨区域传染的过程更加复杂、传播速度更快、影响范围更大、涉及主体更多,从而使风险控制与处置更加困难。特别是尾部客户的风险承担能力较小,在经济下行时期更容易出现违约,从而放大金融的顺周期性,引致更大的系统性风险。

(二)智能金融风险的应对策略

当前,智能金融发展的正面效应和负面影响正在动态演进,成为检验各国金融监管效果的现实压力测试。相对而言,与人工智能和金融业务的快速融合发展相比,人工智能在金融监管领域的运用尚处在探索和起步阶段。为趋利避害,智能金融监管应该秉持鼓励创新和防控风险并重的原则,及时制定并不断完善监管法规,不断升级改进监管系统,加强数据隐私保护,以实现支持金融创新、提高金融效率与防控金融风险、保护金融消费者的有效平衡。

1.及时制定并动态修改智能金融监管规则,提高监管规则的适应性

十余年来,我国互联网金融发展的教训表明,对于新兴金融业态,及时制定出台适应性的监管规则,有助于塑造明确的政策预期,防范"劣币驱逐良币"的金融乱象。一方面,应遵循"技术中立"原则,坚持按照智能金融的业务本质和风险特征,制定相关的监管规则,明确监管方向、监管职责,防止因监管规则制定滞后而引发监管套利、金融乱象和风险积累;另一方面,由于智能金融背后的算法、技术较为复杂,建立在这些算法、技术等之上的业务风险也难以一时全面把握,所以智能金融监管规则的制定应该秉持原则先行、动态跟进的思路,先制定大的监管原则、粗的监管规则、低层级的监管政策,后续再根据业务的发展和风险的变化,不断完善和提升层级。

2.不断完善智能金融监管模式、流程和工具,确保监管的有效性

智能金融业务虽然本质上仍属于金融,但较传统的金融业务在业务模式、技术支撑和风险属性等方面都更加复杂,因此,智能金融监管需要从监管模式、流程和技术等方面多措并举,以保障监管的效率和质量。首先,在监管模式层面,对于一些新兴的智能金融业务创新,可以采取"监管沙箱"模式,在确保影响和风险可控的前提下,先行先试,在沙箱测试通过后再向市场推广。其次,在监管流程层面,应优化和缩短监管流程,以更加快捷地应对智能金融业务的快速变

化,及其可能带来的风险快速传染,化被动地防控处置风险为主动地监测识别风险。再次,在监管工具层面,应积极利用人工智能、大数据分析、云计算等完善监管系统,丰富监管工具。此外,还应加强对智能金融背后的技术、算法的检查,综合实际业务场景、交易规模等深入研判新技术的适用性、安全性和稳定性,强化新技术应用的保障机制,明确新技术应用的运行监控和风险应急处置策略。

3.加强智能金融的数据安全和个人隐私保护,处理好监管的平衡性

金融发展越是数字化和智能化,越是要加强金融数据安全和个人隐私保护。首先,在国家层面,应积极推进人工智能和数据安全的相关立法工作,在《网络安全法》的基础上,研究制定《数据安全法》《个人信息保护法》以及与人工智能相关的法律,明确人工智能数据安全法律原则,确立不同参与主体在人工智能生命周期各阶段所享有的数据权利与承担的安全责任。其次,应制定专门的金融信息保护法规,根据金融领域数据和信息的独特性,尽快修改完善和发布《个人金融信息保护办法》,加强对信用信息主体权益的保护,防范金融信息泄露风险,完善金融信息主体的异议、投诉及责任处理机制,切实保障个人和企业的金融信息安全和隐私安全。此外,依据国家相关法律,结合人工智能在金融领域应用中的特点,针对智能金融发展的数据安全风险,制定具体的法规或政策,明确智能金融领域在人工智能算法设计、产品开发和成果应用等过程中的数据安全要求。需要注意的是,在加强数据安全和个人信息保护的过程中,相关政策既要确保金融数据的安全保护,又要打破数据分割与数据孤岛,还要有利于金融监管的协调统一。

【本章小结】

本章主要介绍金融科技的应用技术之一——人工智能。本章首先介绍了人工智能的概念,辨析了人工智能与大数据、机器学习和深度学习的联系和区别,分析了人工智能的五大特点和常见分类,其次介绍了人工智能的发展历程,以及全球和中国人工智能的发展现状,再次介绍了人工智能的三大核心技术——人工神经网络、机器学习和深度学习,最后介绍了人工智能在金融领域的应用,分析了人工智能对金融领域的影响,人工智能在金融领域的主要应用场景,智能金融的内涵及其发展历程,以及智能金融发展的潜在风险及其应对策略。

【专业术语解释】

人工智能	大数据	机器学习	深度学习
特征学习	跨界融合	人机协同	群智开放
自主智能	弱人工智能	强人工智能	超人工智能
图灵测试	人工神经网络	监督学习	无监督学习
强化学习	卷积神经网络	深度置信网络	智能客服
智能投顾	智能风控	智能营销	智能支付
智能理赔	智能金融		

【本章习题】

1.人工智能的定义是什么？如何理解这一概念？

2.简述人工智能与大数据、机器学习和深度学习的联系和区别。

3.人工智能有哪几个特点？

4.什么是弱人工智能、强人工智能和超人工智能？

5.人工智能的发展主要经历了哪几个阶段？

6.简述全球和中国人工智能的发展现状。

7.简述人工智能的核心技术及工作机制。

8.简述机器学习的三种学习模式及其之间的区别。

9.人工智能在金融领域的主要应用场景有哪些？

10.简述传统金融与智能金融的区别。

11.智能金融发展存在哪些风险？应该采取哪些应对策略？

【进一步阅读资料及相关链接】

四部门关于印发《"互联网+"人工智能三年行动实施方案》的通知(发改高技〔2016〕1078 号)〔EB/OL〕.中国政府网.

第五章

云计算

随着科学技术的不断发展，信息技术环境也发生了较大的变化，企业处理的数据规模和数量都在不断增强，对计算机的处理能力也提出了更高的要求，只有具备更大的处理空间和更快的处理速度才能满足社会发展的需求，云计算技术因此而受到了广泛关注，基于此，学习云计算技术发展与应用的相关问题显得尤为重要。

第一节　云计算的概念

云计算是一种以虚拟化技术为基础，以网络为载体的超级计算模式；云计算具有按需分配、弹性配置、弹性收费等特点；大数据支持大数据分析创新，可以帮助用户随时随地从海量数据中获取决策信息。

一、什么是云计算

云计算有着多种不同的定义。当前比较公认的是美国国家标准与技术研究院（NIST）的定义：云计算是一种通过网络按需提供的、可动态调整的计算服务。其实质是将原本运行在单个计算机或服务器的数据储存、数据处理与数据分析转移到互联网上的大量分布式计算机资源池中，使用者可以按照需要获取相应的计算能力、存储空间和部署软件的一种计算资源的新型利用模式。

云计算定义中的"云"是一种比喻，实际上是指一个庞大的网络系统，其间可以包含成千上万台服务器。对于用户（云计算服务需求方）而言，云服务商（云计算服务供应方）提供的服务所代表的网络元素（服务器、存储空间、数据库、网络、软件和分析）都是看不见的，仿佛被云掩盖。因此，云计算所依托的数据中心软硬件设施即所谓的云。

云计算是继20世纪80年代大型计算机到客户端服务器的大转变之后，计算资源的革命性利用模式，在这一模式中网络用户无须了解"云"中基础设施构成细节,不必具有相应的专业知识,也无须直接进行控制,只需通过网络连接就可以利用云计算服务。

二、云计算的工作原理及特点

(一)云计算的工作原理

云计算的基本原理是使计算分布在大量的分布式计算机上,而非本地计算机或远程服务器中。云计算使各种计算、存储和数据服务等信息技术能力实现按需分配、弹性供应。这类似于从旧式单机供电模式转向电网集中供电模式。这意味着计算能力也可以作为一种商品进行流通,就像煤气、水、电一样,取用方便,费用低廉。不同之处在于,水、电、煤气等为有形物质,并通过管道、电线网络传输,这类网络不传送应用,所有应用都是用户自身的责任;云计算通过互联网进行传输,传输对象为抽象的数字信息而非有形物质,且传输的是信息服务应用。并且电脑运算比发电一类更具模块性,数据存储、处理、传送可分拆成不同的服务,由不同公司提供,减少供应方的垄断。

作为一种利用互联网实现资源实时申请、快速释放的新型计算方式,云计算的目的是帮助用户高效地访问共享资源。其核心理念就是通过不断提高云计算的处理能力,减少用户终端的处理负担,最终使用户终端简化成一个单纯的输入输出设备,并能按需享受云的强大计算处理能力。

(二)云计算的主要特点

云计算提供资源的服务在用户看来是弹性的,可以扩展的,并且可以随时获取,按需使用,按需付费。从研究现状上看,云计算具有以下特点:

第一,规模庞大。"云"具有相当的规模,Google 云计算已经拥有 100 多万台服务器,Amazon、IBM、微软和 Yahoo 等公司的"云"均拥有几十万台服务器。"云"能赋予用户前所未有的计算能力。

第二,虚拟化。云计算的各种资源都是基于虚拟技术。例如,用户租用了云计算服务器,服务提供商并不用真正为用户提供实体服务器,只需要从云中建立虚拟服务器给用户即可。这个过程对用户是透明的。

第三,动态伸缩。"云"的规模可以根据应用和用户规模增长的需要,动态伸缩。

第四,可靠性高。"云"使用了数据多副本容错、计算节点同构可互换等措施来保障服务的高可靠性,使用云计算比使用本地计算机更加可靠。

第五,通用性强。云计算不针对特定的应用,在"云"的支撑下可以构造出千变万化的应用,同一片"云"可以同时支撑不同的应用运行。

第六,按需服务。"云"是一个庞大的资源池,用户按需购买,像自来水、电和燃气那样计费。

第七,费用低廉。云计算数据中心设施可以建在电力资源丰富、气温较低的地区,从而大幅度降低能源成本,具有前所未有的性价比。

第二节 云计算的发展历程

一、发电厂启示

19世纪末期,欧美刚刚跨入电力革命时代,大多数工厂都是通过自己的发电设备驱动机器来照明,主要原因是传输距离不能超过太大的范围,否则电能在传输过程中损耗太高,得不偿失。如果那时候有人说可以不用自己发电,使用统一大型电网将公共电厂的电输送到机器设备,别人一定会以为他在痴人说梦。

然而随着技术的发展,远距离供电成为可能,到了20世纪初,绝大多数工厂改用由公共电网发出的电来驱动机器。不仅如此,电力的价格还出现了下降,那些买不起发电机的普通百姓也用上了电,由此掀起了使用家用电器的热潮。那些靠生产小型发电设备发了大财的设备生产厂家,也包括一度靠小型中央电厂、区域电网和照明设备垄断市场的电力巨头,后来纷纷倒闭。电力从一个分散的资源,变成了一项公共基础设施。

大约从十年前开始,IT 领域开始重演供电系统曾经发生过的故事。互联网提供的云计算服务正在逐渐代替由个人和企业运行的本地计算机软件和系统,将原来本地的"发电机"变成在"公共电网"上的服务。其实早在计算机诞生不久时,就有人设想从大规模公用"发电厂"中"生产"计算机运算能力,并通过网络传输到各地。毋庸置疑,这种中央"发电厂"式的数据中心比分散的私人计算机"发电机"更有效率。

1961 年,网络互联领域专家约翰·麦卡锡曾预言:"未来电脑运算有可能成为一项公共事业,就像电话系统已成为一项公共事业一样。"这样的设想正在一步步被实现,越来越多的公司不再花大价钱购买本地服务器和软件,而是选择通过云端来进行信息处理和数据存储,如同当年工厂接入公共电网放弃购买和维护自有发电设备一样。

近年来,人们使用电脑的方式已经发生了巨大的转变,虽然大部分人在单位工作和在家里休闲仍然依赖个人电脑,但人们利用个人电脑的方式已经与以往非常不同。人们不再依赖电脑硬盘中的数据和软件,而是更多利用公共互联网传来的数据和软件。以前我们看电影需要购买 DVD 盘或者从网上下载,而现在我们通常都是直接在线播放。人们的电脑正在变成这样一种轻终端。可以说,整个互联网和所有联网的电脑组成了一个巨大的电脑。

二、云计算雏形

云计算是继 20 世纪 80 年代大型计算机到客户端——服务器的大转变之后的又一种剧变。云计算的出现并非偶然,在计算机技术发展的历史上,出现过很多云计算的早期雏形。

1963 年,DARPA(美国国防高级研究计划局)向麻省理工学院提供了约 200

万美元的津贴,启动了著名的 MAC 项目,要求麻省理工学院开发"多人可同时使用的电脑系统"技术。当时麻省理工学院就构想了"计算机公共事业",即让计算机像电力一样供应。

1965 年,IBM 推出了分时共享系统,该系统允许多个远程用户分时共享同一高性能计算设备,这就是其最早的虚拟机技术。随后,发布了用于创建灵活大型主机的虚拟机技术,根据用户动态需求来调配资源,使昂贵的大型机资源尽可能得到充分利用。

1969 年,阿帕网加利福尼亚大学洛杉矶分校(UCLA)第一节点与斯坦福研究院(SRI)第二节点连通,实现了分组交换网络的远程通信,标志着互联网的正式诞生。

1983 年,Sun Microsystems 公司提出了网络就是计算机的概念。

1995 年,世界软件巨头 Oracle 推出了互联网电脑(Network Computer),没有硬盘,软件在网络上运行,无须下载软件,所有数据和程序存储在远端服务器的数据库中,价格也比当时的 PC 电脑便宜 2/3。但由于当时网络基础设施不普及、网速慢,在线应用远未普及等原因,最后以失败收场。不过这也预示了云计算革命即将到来。

1997 年,Ramnath Chellappa 教授在他的一次演讲中第一次提出了"云计算"(Cloud Computing)这个词,他指出"计算资源的边界不再由技术决定,而是由经济需求来决定"。换句话说,计算资源的形式可以是动态的,这种形式根据人们的需求而变化,如果您需要某种应用程序,要做的就是远程访问该应用的资源即可。

1999 年 3 月,Salesforce 公司成立,它通过出租在线软件的方式向用户服务。它销售的是一个简单的商业服务——客户关系管理 CRM。同年 9 月,LoudCloud 公司成立,提供 IT 基础设施资源出租管理服务,包括网络服务器、通信设备、网络存储服务等,一切均以月为单位计费,将基础设施变成了服务。

三、云计算兴起

虽然云计算的设想从计算机诞生的年代就有了,但云计算真正蓬勃发展起来却存在偶然性。国际电商巨头亚马逊为了处理庞大的商品和用户资料,建立了庞大的数据中心。但是网络销售有旺季和淡季,这就白白浪费了数据中心资源。为此,亚马逊就想到了将闲置的计算资源出租出去。2006 年,亚马孙推出 EC2(Elastic Compute Cloud)云服务,这一年也被称为云计算发展元年。

亚马逊公司利用虚拟化技术将"硬件即服务"这种商业模式推向新的发展阶段,使得硬件资源可以像水电一样方便地提供给公众使用,这也标志着公众能够感知到的云计算时代由此开始。此后,云计算的发展可以分为以下 3 个阶段:

(一)概念探索期(2006—2010 年)

综观云计算的技术重点,大规模计算资源的虚拟化和软件栈的服务化是主要的使用技术。在这期间,云计算所依赖的硬件资源虚拟化及其管理技术获得繁荣发展,推动人们对云的概念和认识的不断深入。不少重要的云计算技术以开源模式发布,开源逐渐成为云基础设施的重要选择。

此时,人们对云计算的本质认识还比较模糊,厂商、学者都给出了各自的定义和说法,但都是从自身业务的角度来看待云计算的,有各自的特点和不足,还处在一个初期探索阶段。

(二)技术落地期(2010—2015 年)

这个时期出现了大量围绕云进行的技术实践和验证,云计算的定义也终于尘埃落定:2011 年,NIST 发布的云计算白皮书对云计算进行了较为权威的定义,基本终结了众说纷"云"的状况。

云计算发展出 3 种服务模式:基础设施即服务(IaaS)、平台即服务(PaaS)和软件即服务(SaaS)。技术成熟推动了私有云的发展,越来越多的大中企业将自身机房改造为 IaaS 云平台,混合云也成为新的热点。云服务和管理的关键技术与系统走向成熟后,OpenStack 和 CloudStack 等开源计算平台得到广泛应用。以 OpenFlow 为代表的软件定义网络使得计算、存储和网络等全硬件栈资源可以通过软件定义,支持云平台资源,实现规模化的高效管理,大面积虚拟机部署由此得以实现。

云计算技术的成熟带动了其产业的发展,并在全球范围内形成了千亿美元规模的市场,众多互联网公司进入市场想要分一杯羹。国际市场上演了"三国争雄"的好戏:亚马逊的 AWS 一骑绝尘,2015 年 AWS 云计算销售额为 79 亿美元;微软迎头赶上,Azure 拿下 11 亿美元销售额;而谷歌则稍显迟缓但发力威猛,拿下不到 5 亿美元的市场。在丰厚的利润引诱下,IBM、惠普、DELL 等厂商也纷纷加入这场大战。

国内企业也不甘落后,互联网巨头阿里巴巴首先布局,早在 2009 年便成立了阿里云,随后腾讯、百度、网易等互联网巨头和三大电信服务商也纷纷加入云大战。2014 年,阿里云在中国公有云市场份额排名第一,市场占有率达到 29.7%,超过亚马逊、微软和 IBM 在中国市场份额的总和。前瞻产业研究院提供的《2016—2021 年中国云计算产业发展前景预测与投资战略规划分析报告》指出,2012—2015 年,我国云计算市场从 482 亿元上升至 1 315.8 亿元,保持了高速增长的态势,年均复合增长率高达 61.5%。

(三)应用繁荣期(2015 年至今)

伴随着云平台技术的成熟和市场的拓展,云计算进入了繁荣发展时期。智能手机的普及给云服务带来了新的需求,服务重心开始从以提供云设施为主转为支撑云应用为主。为此,越来越多的创业公司采用平台即服务(PaaS)模式应对复杂多变的手机端需求。以 Docker 为代表的容器虚拟化技术顺应趋势开始崭露头角,为云服务提供了轻量化、易移植、易扩展的解决方案。同时,软件即服务(SaaS)也成了香饽饽,几乎每一个传统的安装在电脑上的商业软件,都在互联网上提供了此类服务。通过把软件服务搭建在云端,让客户从互联网上选择想要运行的软件及想要存储的数据。

凭借先发优势,亚马逊在云计算市场赚取了丰厚的利润,仅 2018 年第二季度,AWS 营业收入达 61.1 亿美元,运营利润却达 16 亿美元,而其"主业"电商零售额近 470 亿美元,净利润仅有约 13 亿美元,俨然成了一家"伪"零售企业。

我国政府和相关部门推出的一系列利好政策,促进了云计算产业迅速发展。云计算产业已经走过培育与成长阶段,进入成熟发展期。以阿里为代表的BAT(百度、阿里巴巴和腾讯)全面发力,华为等传统 IT 厂商快速转型,Ucloud、青云等新生势力崭露头角。

第三节　云计算的架构

作为一种新型计算服务模式,云计算的架构主要包括云平台、云计算服务模式、云部署类型等内容。

一、云计算平台

云计算平台也称云平台,是指基于硬件的服务,提供计算、网络和存储能力。云平台基础设施的能力具备高度弹性,可以根据需要进行动态扩展和配置。

云平台由物理机器、虚拟机、服务等级协议资源分配器及用户等要素构成。平台架构可分为四层:资源层、虚拟化层、管理层和服务层。

①资源层。包括服务器、网络、存储和其他功能,以支持虚拟化层功能。

②虚拟化层。包括硬件虚拟化和应用虚拟化,作用是为管理层或者用户准备所需计算和存储等资源。

③管理层。主要功能是提供资源管理与负载均衡。资源管理包括:a.SLA监控:对各个层次运行的虚拟机、服务和应用等进行性能方面的监控,以使它们都能在满足预先设定的服务级别协议(Service Level Agreement,SLA)的情况下

运行;b.计费管理:对每个用户所消耗的资源等进行统计,来准确地向用户收取费用;c.安全管理:对数据、应用和账号等信息资源采取全面的保护,使其免受犯罪分子和恶意程序的侵害;d.运维管理:主要是使运维操作尽可能地专业和自动化,从而降低云计算中心的运维成本。负载均衡管理目的是通过将流量分发给一个应用或者服务的多个实例来应对突发情况。

④服务层。作用是为平台服务,主要包括账户管理、服务目录、部署服务与生成用户报告等功能。

云平台体系结构如图 5-1 所示。

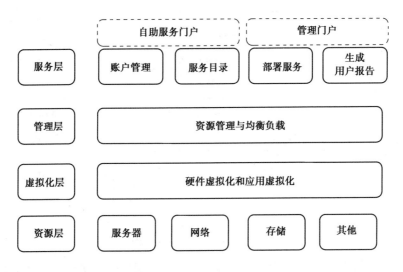

图 5-1　云平台体系结构

云计算平台可以分为 3 类:以数据存储为主的存储型云平台,以数据处理为主的计算型云平台,以及计算和数据存储处理兼顾的综合云计算平台。

目前,国际上代表性的云平台有亚马逊云计算 AWS(Amazon Web Services)的弹性计算云 EC2 和简单存储服务 S3、IBM 蓝云(Blue Cloud)等。

国内云平台包括数据挖掘、海量数据存储和弹性计算等,主要用于中国移动业务支撑、信息管理和互联网应用,代表性的三大平台为 BAT(百度、阿里巴巴、腾讯)的百度云、阿里云和腾讯云。

二、云计算服务模式

云平台的功能是提供云计算服务。云计算有 3 种服务形式:基础设施即服务 IaaS(Infrastructure as a Service)、平台即服务 PaaS(Platform as a Service)和软件即服务 SaaS(Software as a Service)。因为三者互为构建基础,也称云计算堆栈或架构(图 5-2)。

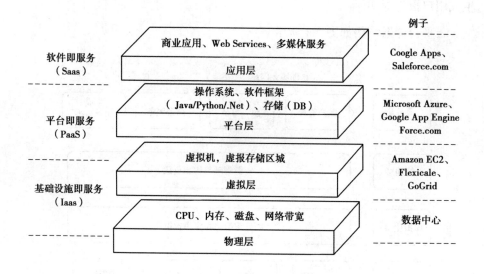

图 5-2 IaaS、PaaS、SaaS 架构

为了方便理解,我们以餐饮场景作类比,如果想要吃到美味的饺子,有以下多种途径:

(一)买成品回家做——基础设施即服务(IaaS)

如果自己在家做饺子,得准备很多东西,和面、调馅儿、擀皮儿、包饺子等,而且可能做出来的并不好吃。还有一个选择,就是从商场直接买成品速冻水饺,回家直接下锅就好。和自己做不同的是,你需要一个成品水饺供应商,这就叫基础设施即服务(IaaS)。

基础设施即服务(IaaS)是通过互联网配置和管理的即时计算基础结构。

云计算"基础设施"是承载在数据中心上的,以高速网络(目前主要是以太网)连接各种物理资源(服务器、存储设备、网络设备等)和虚拟资源(虚拟机、虚拟存储空间等)。

基础结构由云计算服务提供商管理,用户无须购买和管理自己的实体服务器和其他数据中心基础结构,只需通过互联网就可以租用到完善的计算机基础设施层(计算、存储和网络带宽等资源)。在使用时,用户以即用即付的方式从服务提供商处租用,如服务器和虚拟机(VM)、存储空间、网络和操作系统。每项资源作为单独服务组件提供,用户只需购买、安装、配置和管理自己的软件(操作系统、中间件和应用程序),根据需要租用特定资源,只为所用内容付费,从而减少开支和简化操作。用户不用理会云系统底层的基础架构,可以在上面运行软件、存储数据和发布程序。

十年前,如果想让公司的业务在网络上运行,需要自己建设机房、购买服务器,并将应用部署上去。但是现在有了基础设施及服务,可以将硬件外包给相关公司。这些公司会提供场外服务器、存储和网络硬件,节省建设和维护成本。

（二）叫外卖——平台即服务（PaaS）

打个电话或动动手指,热腾腾的水饺就送到家门口了,你需要做的只是打开包装盒把水饺放到餐桌上就可以享用美食了。你需要的是水饺外卖服务,这叫平台即服务(PaaS)。

平台即服务是比基础设施即服务更高一级的云计算服务模式。假设公司的网站后台需要使用数据库存储产品和用户信息,如果基于基础设施即服务平台,需要在云端操作系统上自己实施安装网页服务程序、数据库软件等各种操作。而平台即服务提供了更高明的解决方式,它的后台已经包含了类似于数据库、网页服务器等,网站可以在这一层直接进行调用,节省了安装这些底层服务的时间和资源。平台即服务模式的优势还在于丰富多样的后台解决方案,软件的开发和运行都可以在提供的平台上进行,不仅节约了硬件成本,还节省了部署上的时间支出,让精力更集中于自己的产品。

(三)堂食——软件即服务（SaaS）

堂食，你可以直接在水饺店吃，连餐桌、筷子都无须准备，吃完也不用自己打扫，完全是享受服务。拿来就用，这就是软件即服务（SaaS）。

软件即服务（SaaS）是通过互联网交付软件应用程序的方法，通常以订购为基础按需提供。使用 SaaS 时，云提供商托管并管理软件应用程序和基础结构，并负责软件升级和安全修补等维护工作。用户通过互联网连接到应用程序；服务供应商以租赁方式提供服务，比较常见的模式是提供一组账号密码，比如微软知名的 Office 在线版本 365 就是典型的 SaaS。

三、云部署类型

云部署是指云计算资源的部署方法，可分为三种类型：公有云、私有云、混合云。以即用即付（pay-as-you-go）方式提供给公众计算服务的称为公有云，而不对公众开放的企业或组织内部数据中心的资源称为私有云，公有云和私有云的组合称为混合云。

（一）公有云

公有云是由第三方提供商提供的云服务。公有云由云提供商完全承载和管理，用户无须购买硬件、软件或支持基础架构，只需为其使用的资源付费即可，云提供商为用户提供价格合理的计算资源（如服务器和存储空间）和快速访问等云服务。在公有云中，所有硬件、软件和其他支持性基础结构均为云提供商所拥有和管理。用户使用网页浏览器访问这些服务和管理自己的账户。公有云并不表示用户数据可供任何人查看，云服务供应商通常会对用户实施使用访问控制机制。

公有云的主要优点是：用户无须支付硬件带宽费用，投入成本低；免费使用或者按照使用服务付费，减少资源浪费；满足需求的扩展性；公有云作为解决方案,既有弹性,又具备成本效益。公有云的主要缺点是:存在一定的数据安全隐患。目前国内知名的公有云有阿里云、百度云、腾讯云、网易云等。

(二)私有云

私有云是指专供一个企业或组织使用的云计算资源,由单个公司拥有和运营,该公司控制各个业务线和授权组自定义,以及使用各种虚拟化资源和自动服务方式。

私有云的主要优点是:数据与程序皆在组织内管理,不会受到网络带宽、安全疑虑、法规限制影响;保障虚拟化私有网络的安全;充分利用现有硬件资源和软件资源。私有云的主要缺点是:投入成本较高。用户更能掌控云基础架构、改善安全与弹性,因为用户与网络都受到特殊限制。

公有云和私有云的对比如表 5-1 所示。

表 5-1 公有云和私有云的对比

	公有云	私有云
建设成本	很低	很高
专业维护人员	无	有
安全性	较低	很高
网络环境	互联网	内部网络
资源分配	共有	独占
实施所有者	服务商	自己
受众	中小企业、创业企业	大型企业、政府单位

(三)混合云

混合云是一种以私有云作为基础,同时结合了公有云的服务策略。在混合云的配置中,公有云和私有云是相互独立的元素,基础架构彼此独立运营;但通过加密连接进行通信,二者之间可以共享数据和应用程序。

互操作性是混合云的基础。混合云包含多个接触点,由共享核心软件服务组成,允许工作负载、资源、平台和应用在各个环境间迁移。

通常,企业选择公有云来访问计算实例、存储资源或其他服务,如大数据分析集群或无服务器计算功能。但是,企业无法直接控制公有云的体系结构,因此,对于混合云部署,企业必须构建其私有云,以实现与所需公共云的兼容性。在混合云模式中,用户通常将非企业关键信息外包,并在公有云上处理,但同时掌控企业关键服务及数据。

混合云的主要优点是:通过允许数据和应用程序在私有云和公有云之间移动,为企业提供更大的灵活性和更多的部署选项;帮助企业降低信息技术成本,提高设备利用效率;提高数据安全性;可根据业务重要程度有选择性地安排工作负载是在公有云还是在私有云执行。混合云的主要缺点是:投入的硬件和软件资源成本较高。

由于混合云可以兼顾私有云和公有云两者的优点,混合云的使用具有扩大的趋势。

第四节　云计算技术

云计算关键技术是抽象、调配和对物理资源与虚拟资源的管理。虚拟资源管理包括资源虚拟化和对虚拟资源的管理。物理资源主要指不适合或不能虚拟化的资源,包括人们能够看到的机架、机框、板卡、插槽、端口等。

一、虚拟化技术

云计算厂商的服务器之所以比自己买服务器便宜,其实关键就在虚拟化。云计算厂商并不是真的把一台实体服务器分给客户使用,而是在实体机上通过虚拟化技术,虚拟出多个服务器给多个用户使用,这些用户之间互不干扰,甚至不知道别人的存在。这种在一台服务器上虚拟出多个互相隔离的服务器,降低用户成本、提高资源利用效率的技术就是虚拟化。

虚拟化是一种资源管理技术,是将计算机的各种实体资源,如服务器、网络、内存及存储等,予以抽象、转换后呈现出来,打破实体结构间不可切割的障碍,使用户可以用比原本的组态更好的方式来应用这些资源。这些资源的新虚拟部分是不受现有资源的架设方式、地域或物理组态所限制的。

虚拟化技术包括系统虚拟化与虚拟化资源管理两部分内容:

(一)系统虚拟化

系统虚拟化有两种形式:一是将一台性能强大的服务器虚拟成多个独立的小服务器,服务不同的用户;二是将多个服务器虚拟成一个强大的服务器,完成特定的功能。虚拟化是将位于下层的软件模块封装或抽象,提供一个物理或软件的接口,使得上层软件可以直接运行在这个虚拟环境中,和运行在原来的环境一样,目的是把物理计算机系统虚拟化为虚拟计算机系统(以下简称虚拟机),以增强系统的弹性和灵活性。

每个虚拟机(VM)都拥有自己的虚拟硬件(CPU、内存、磁盘空间、网络适配器等)来提供一个独立的虚拟机执行环境。每个虚拟机中的操作系统可以完全不同,并且它们的执行环境是完全独立的。

根据对象的不同,虚拟化可分为数据虚拟化、桌面虚拟化、服务器虚拟化、操作系统虚拟化、网络功能虚拟化(NFV)等不同类型。

1.数据虚拟化

数据虚拟化是指将分散来源数据整合为单个来源。实现数据虚拟化后,企业或组织可将数据视为一个动态供应源,进而获得相应的处理能力,可以汇总多个来源的数据,轻松容纳新的数据源,并按用户所需转换数据。数据虚拟化工具处于多个数据源的前端,可将它们化零为整,作为统一的数据源,以符合业务需求的形式,在正确的时间向任意应用或用户提供所需数据。

2.桌面虚拟化

人们常把桌面虚拟化与操作系统虚拟化混淆,实际上,后者允许用户在单台机器上部署多个操作系统,而桌面虚拟化则允许中央管理员(或自动化管理工具)一次向数百台物理机部署模拟桌面环境。不同于需要在每台机器上进行物理安装、配置和更新的传统桌面环境,桌面虚拟化可让管理员在所有虚拟桌面上执行大规模的配置、更新和安全检查。

3.服务器虚拟化

服务器虚拟化指将服务器物理资源抽象成逻辑资源,让一台服务器变成几台甚至上百台相互隔离的虚拟服务器,不再受限于物理上的界限,而是让CPU、内存、磁盘、I/O 等硬件变成可以动态管理的"资源池",从而提高资源的利用率。服务器是用于处理大量特定任务的计算机,这样可让其他计算机(如便携式计算机和台式机)能够执行其他各种任务。对服务器虚拟化,可以让它们执行更多特定功能,并按需要进行分区,以便使用各个组件来运行多种功能。

4.操作系统虚拟化

操作系统虚拟化在内核中进行,内核则是操作系统的中央任务管理器。这是并行运行 Linux 和 Windows 环境的实用方式。此外,企业还可将虚拟操作系统应用于多台计算机,以实现以下功能:降低批量硬件成本,因为计算机不需要具备很强的开箱即用能力;提高安全性,因为所有虚拟实例都被监控和隔离;节省花费在 IT 服务(如软件更新)上的时间。

5.网络功能虚拟化(NFV)

NFV 通过使用虚拟化技术将基于软件实现的网络功能与底层硬件解耦,并提供丰富的网络功能与部件,包括路由、内容分发网络、网络地址转换、虚拟专用网络(VPN)、负载均衡、入侵检测防御系统(DPS)及防火墙等。多种网络功能可以合并到同一硬件或服务器上。NFV 能够使网络操作人员或用户在通用硬件或融合服务平台(CSP)上按需发放或执行网络功能;提供网络功能的自动化和快速服务部署,大幅度降低网络运营支出。NFV 可以隔离网络的关键功能

（如目录服务、文件共享和 IP 配置），并将它们分到各个不同的环境中。一旦软件功能从原先赖以存在的物理计算机上独立出来，特定功能便可以组合成为新的网络，并分配给环境。虚拟化网络可以减少物理组件（如交换机、路由器、服务器、线缆和集线器）的数量，而这些往往是创建多个独立网络所必需的资源，所以这种虚拟化方式在电信行业中使用得尤其广泛。

（二）虚拟化资源管理

虚拟化资源是云计算最重要的组成部分之一。虚拟化资源可分为虚拟化计算资源和存储资源，两者相互独立，通过虚拟化网络资源连接起来。

虚拟化资源管理是将资源从资源提供方分配到资源用户的过程。其目的是根据用户需求实现虚拟资源（虚拟机、虚拟存储空间等）的自动化生成、分配、回收和迁移，用于支持用户对资源的弹性需求。虚拟化资源管理水平直接影响云计算的可用性、可靠性和安全性。

虚拟化资源管理技术与传统 IT 管理软件的主要区别是实现了虚拟资源的"热迁移"，即在物理主机发生故障或需要进行维护操作时，将运行在其上的虚拟机迁移至其他物理主机，同时保证用户业务不被中断。

二、分布式数据存储技术

数据是一切服务的基础，如何安全、高效、快捷地存取数据，是云计算待解的关键。分布式数据存储技术是云计算的基石，提供上层系统所需的数据存储。所谓分布式数据存储，是指文件系统管理的物理存储资源不一定直接连接在本地节点上，而是通过计算机网络与节点相连。一个典型的网络可能包括多个供多用户访问的服务器。另外，对等特性允许一些系统扮演客户机和服务器的双重角色。例如，用户可以"发表"一个允许其他客户机访问的目录，在访问时这个目录对客户机来说就像使用本地驱动器一样。

云计算系统由大量服务器组成，同时为大量用户服务。因此，需要采用分布式存储的方式存储数据,并用冗余存储的方式(集群计算、数据冗余和分布式存储)来保证数据的可靠性。云计算系统中广泛使用的数据存储系统是 Google 的 GFS 和 Hadoop 团队开发的 HDFS。

三、资源与能耗管理技术

(一)资源管理技术

云计算平台是由几百、几千甚至几万台设备构成的一个有机体,里面包含计算机、存储设备、网络设备等各种硬件。要让如此多的设备高效协作,就要用到资源管理技术。云计算系统的资源管理技术能够使大量服务器协同工作,方便地进行业务部署和开通,快速发现和恢复系统故障,通过自动化、智能化手段实现大规模系统的可靠运营。

(二)能耗管理技术

云计算具有资源集中、计算力强劲的优点,相比于把计算能力分散在大量单台计算机上的方式,能源消耗要小。但云计算中心要依托规模庞大的数据中心,一个拥有 50 000 个计算节点的数据中心,每年耗电量就会超过 1 亿千瓦时。因此,能耗问题得到了工业界和学术界的广泛关注。

四、云安全保护技术

云环境面临着资源隔离、安全事件管理和数据保护方面的严峻挑战(包括虚拟机隔离、安全虚拟机迁移、虚拟网络隔离及安全事件和访问监控),因此对于安全保护提出了全新的要求。另外,由于多个业务部门都需要访问云资源,因此了解安全数据流和遵守特定业务安全策略变得至关重要。

云计算安全涉及很多层面,包括网络安全、服务器安全、软件安全、系统安全等。在云环境中,工作负载通常与物理硬件相分离并通过资源池结构进行交付,云计算安全性必须要适应这种环境。同时,安全特性必须保护网络边缘的物理边界。因此,云安全需要把传统安全技术提高到一个新的水平。

现在,不管是软件安全厂商还是硬件安全厂商,都在积极研发云计算安全产品和方案。包括传统杀毒软件商、软硬防火墙厂商、IDS/IPS 厂商在内的各个层面的安全供应商都已加入云安全领域。

第五节 云计算在金融领域的应用

作为金融科技的重要技术之一,云计算的主要功能是为传统机构解决信息存储和运营问题,提供计算服务,帮助用户从海量数据中获得决策信息。金融机构应用云计算的首要目的是缩短应用部署时间、节约成本和业务不中断。

云计算通过资源整合、共享和重新分配,带动产业转型,创造新的业务模式,并重塑了很多产业。金融行业天生具有数据依赖强和信息化程度高的特点,因此,金融云的诞生也是顺理成章的事情。不过,金融行业有其特殊性,就是对系统稳定性、业务连续性和安全保障性的要求极高,因此,对云计算方面有更多的特殊要求。

2020 年,中国人民银行相继发布并实施了《云计算技术金融应用规范技术架构》《云计算技术金融应用规范安全技术要求》《云计算技术金融应用规范容灾》3 项金融行业标准。

一、云计算在金融领域的应用价值

云应用是云计算技术在应用层的体现,是直接面对客户解决实际问题的产品。云应用所具有的跨平台性、易用性、轻量性等技术特征可以提供银行级的安全防护,将传统由本地木马或病毒所导致的隐私泄露、系统崩溃等风险降到最低。

(一)加速金融行业分布式架构转型

云计算能够帮助金融机构弹性扩容,大大缩短应用部署时间、实现故障自动检测定位以及业务升级不中断,从而更好地适应数字金融的服务模式。金融业经过多年发展已经形成了一套基本成熟的集中式架构运维系统,数字化转型的快速深入,对其运维系统的高效敏捷运行提出了严峻挑战。与之相比,云计算的特点是在低成本、标准化的开放硬件和开源软件的基础上,通过分布式处理架构实现系统处理能力的无限扩展。在分布式架构实现中,云计算以其资源池化、应用开发分布式架构的特点,可以满足信息化系统自动扩容、底层硬件兼容、业务快速部署的需求;通过数据多副本容错、计算节点同构可互换等措施,满足系统高性能、高可用和数据容灾备份等方面的要求,有效保障运维系统的可靠性。

（二）有效降低金融机构 IT 成本

除稳定性目标外,金融业系统运营的目标便是最大化地减少物理成本和费用,提高线上业务收入。云计算可以帮助金融机构构建"云金融信息处理系统",减少金融机构在诸如服务器等硬件设备上的资金投入,使效益最大化。在IT 性能相同的情况下,云计算架构的性价比远高于以大型机和小型机作为基础设施的传统金融架构。

（三）提高运输自动化程度

云计算操作系统一般设有监控模块,通过统一的平台管理金融企业内部服务器、存储和网络设备。通过设备集中管控,可以显著提升企业对 IT 设备的管理能力,有助于实现精细化管理。此外,通过标签技术可以精准定位出现故障的物理设备。通过现场设备更换可以快速实现故障排除。传统集中式架构下,若设备发生故障,需要联系厂家进行维修,缺乏自主维护能力。

（四）数据连通与信息共享

云计算采用了分布式中间件或分布式数据库,实现了联机交易处理的一致性等事务管理要求,可以帮助金融机构通过统一平台,承载或管理内部所有的信息系统,消除信息孤岛。此外,信息系统的连通可以将保存在各系统的数据集中到一起,形成"数据仓库",从而实现内部数据的集中化管理。

传统架构下,不同金融机构的网络接口标准大相径庭。通过构建云系统,可以统一接口类型,最大简化诸如跨行业务办理等技术处理的难度,同时也可减少全行业硬件系统构建的重复投资;通过构建云系统,还可以使其扩展、推广到多种金融服务领域,诸如证券、保险及信托公司均可以作为云金融信息处理系统的组成部分,在整个金融系统内分享各自的信息资源。

(五)资源优化

云计算具备资源高效聚合与分享、多方协同的特点,它能够整合金融产业链各方参与者所拥有的面向最终客户的各类服务资源,包括产品、网点服务、客户账户信息等,为客户提供更加全面、整合、实时的服务信息与相应的金融服务。

得益于云计算这种创新的计算资源使用方式,以及基于互联网标准的连接方式,金融企业可以利用云计算,将依赖计算资源进行运作的业务,以一种更便捷、灵活的方式聚合,并按需分享,实现更高效、紧密的多方协同。而基于云计算技术的云业务模式,可以通过资源聚合、共享和重新分配,实现资源的按需索取。

二、金融云的技术架构

(一)技术架构

《云计算技术金融应用规范技术架构》规定了金融领域云计算平台的技术架构要求,涵盖云计算的服务类别、部署模式、参与方、架构特性和架构体系等。

标准规定金融领域云计算部署模式主要包括私有云、公有云及由其组成的混合云等。金融机构应秉持安全优先、对用户负责的原则,根据信息系统所承载业务的重要性和数据的敏感性、发生安全事件时的危害程度等,充分评估可能存在的风险隐患,谨慎选用与业务系统相适应的部署模式。金融机构应承担的安全责任不因使用云计算服务而免除或减轻。

云服务的参与方包括：云服务使用者、云服务提供者和云服务合作者。云服务提供者为云服务使用者提供包括 IaaS、PaaS、SaaS 等类别的云服务，并负责云计算平台的建设、运营和管理；云服务使用者基于云服务提供者提供的云服务构建、运行、维护自身的应用系统，或直接使用可作为应用系统的云服务；云服务合作者为云服务提供者、云服务使用者提供支撑或协助。云服务审计者是一种特殊的云服务合作者，应对云服务提供者、云服务使用者、其他云服务合作者进行独立审计。

此外，标准还规定了金融领域云计算架构应具有以下特性：

第一，高弹性。云计算平台应具备资源弹性伸缩能力。在业务高峰期，云计算平台资源能够快速扩容支持大流量、高并发的金融交易场景；在业务低谷期，云计算平台资源能够合理收缩，避免资源过度配置。

第二，开放性。云计算平台应采用开放的架构体系，不与某个特定的云服务提供者绑定。在云服务使用者中止或变更服务时，云计算平台应支持应用和数据在不同云计算平台间、用户信息系统与云计算平台间进行快速边界迁移。

第三，互通性。云计算平台应支持通用、规范的通信接口，同一云计算平台内或不同云计算平台间的云服务应该能够按需进行安全便捷信息的交互。

第四，高可用性。云计算平台应具备软件、主机、存储、网络节点、数据中心等层面的高可用保障能力，能够从严重故障或错误中快速恢复，保障应用系统的连续正常运行，满足金融领域业务的连续性要求。

第五，数据安全性。云计算平台应在架构层面保障端到端的数据安全，对用户数据进行全生命周期的严格保护，保证数据在产生、使用、传输和存储等过程中的完整性、可用性和保密性，避免数据的损坏、丢失和泄露。

（二）安全技术要求

云计算平台作为承载金融领域信息系统的基础平台，其安全要求应不低于所承载业务系统的安全要求。云计算平台本质上仍是一种信息系统，应满足国家和金融行业信息系统安全相关要求。

《云计算技术金融应用规范安全技术要求》规定了金融领域云计算技术应用的安全技术要求,涵盖基础硬件安全、资源抽象与控制安全、应用安全、数据安全、安全管理功能、安全技术管理要求、可选组件安全等。

云计算技术按需使用信息技术和数据资源,降低信息化成本,提高资源利用效率,但同时也带来了服务外包的可能性,增加了数据泄露、服务滥用等方面的新风险。云服务使用者应结合信息系统的业务重要性和数据敏感性,充分评估应用云计算技术的科学性、安全性和可靠性,在确保系统业务连续性、数据和资金安全的前提下,谨慎选用云计算技术部署业务系统,选择与业务相适应的部署和服务模式,确保使用云计算技术的金融业务系统安全可控。

云计算安全框架由基础硬件安全、资源抽象与控制安全、应用安全、数据安全、安全管理功能及可选组件安全组成。云服务提供者和使用者共同实现安全保障。在 IaaS、PaaS、SaaS 等不同服务类别下,云服务提供者和使用者的安全分工有所区别。金融机构是金融服务的最终提供者,其承担的安全责任不应因使用云计算服务而免除或减轻。

（三）容灾

近年来,云计算技术在金融领域应用逐渐深入,深刻影响和变革了金融机构的技术架构、服务模式和业务流程,但也给灾难恢复带来了新的挑战。由于多租户、虚拟化、资源池等技术特性,云计算平台在灾难恢复的营销评估、关键指标、技术要求、组织管理等方面与传统架构存在诸多差异,应重点关注并妥善应对。

《云计算技术金融应用规范　容灾》规定了金融领域云计算平台的容灾要求,包括云计算平台容灾能力分级、灾难恢复预案与演练、组织管理、监控管理、监督管理等内容。

1.云计算平台容灾能力分级

根据应用于金融领域的云计算平台发生故障瘫痪的影响范围、危害程度,将其容灾能力等级划分为 6 级。考虑应用于金融领域云计算平台的重要性和发生故障或瘫痪的影响程度,应用于金融领域云计算平台至少应达到容灾能力3 级要求。

2.灾难恢复预案与演练

灾难恢复预案应包括应急和系统灾难恢复两部分。在云计算环境下,灾难恢复演练主要是为了验证灾难恢复预案的完整性和有效性,提高预案的执行能力,确保云服务各参与方在灾难发生时的有效协同,以及业务系统的快速恢复。

3.组织管理

在灾难发生后,云服务各参与方应依据灾难实际影响,按照预先制定的灾难恢复预案,密切配合、有序开展灾难恢复工作。

4.监控管理

云计算环境的灾难恢复应具备的监控能力,包括但不限于:应实时监控生产中心和灾备中心的业务应用可用性和性能状态;应能够有效监控灾备切换过程;应能够监控灾备同步状态;应具备告警功能。另外,云计算平台应对灾难恢复系统的日常生产维护工作进行监控。

5.监督管理

一是审计。审计包括内部审计和外部审计,内部审计由云服务提供者或云服务使用者的内部人员或部门承担,外部审计由具有国家相应监管部门认定资质的中介机构组织实施。二是通知通报。具体包括应通知各云服务参与方的情况及应报告监管机构的情况。

三、金融云的功能与作用

金融云促进金融创新发展,能有效解决我国金融信息化建设中发展的不平衡问题。金融云通过提供科技支撑,使中小微金融机构更加专注于金融业务的创新发展,实现集约化、规模化与专业化发展,促进金融业务与信息科技的合作共赢。同时,虚拟化、可扩展性、可靠性和经济性使金融云能提供更强的计算能力和服务能力,为金融创新提供技术和信息支持,降低中小型金融机构的金融服务门地,推动普惠金融发展。

云计算虚拟化技术带来了物理资源的重复使用和能耗节约等优势,推动了这一技术的快速应用。同时,随着国家安全战略在金融行业的实施,传统金融机构不断探索分布式架构和开源技术应用,减少或摆脱了被国外控制的技术和产品依赖。新兴互联网企业为应对具备突发性、高并发等特点的互联网业务,率先向分布式架构转型,探索应用分布式云架构和开源技术,实现快速扩展、高冗余、自主可控。如阿里、腾讯等根据自身业务发展经验,开始构建金融公有云,尝试着为中小金融机构提供金融云服务。

四、金融云的应用类型

云计算主要分为三种部署形式,分别为公有云、私有云及混合云,就国内而言,前者以阿里云、腾讯云为代表,后者以华为云、太极云、浪潮云、华三云为代表。公有云由第三方公司自有和管理的硬件开发而成。公有云部署通常用于提供基于 Web 的电子邮件、网上办公应用、存储以及测试和开发环境。私有云来自用户专用和管理的系统。混合云由两个或以上的公共云和私有云环境组合而成。在实际使用层面,不同类型的金融机构有着不同的云计算技术应用类型。

中大型金融机构倾向于使用混合云,在私有云上运行核心业务系统,存储重要敏感数据。这些机构通过购买硬件产品,虚拟化管理解决方案、容器解决方案、数据库软件、运维管理系统等方式搭建私有云平台。在生产过程中,实施外包驻场运维、自主运维或外包运维。在公有云上,运行面向互联网的营销管理类系统和渠道类系统。

小型金融机构倾向于将全部系统放在公有云上,通过金融机构间在基础设施领域的资源合作共享,在金融行业内形成公共基础设施、公共接口、公共应用等一批公共云服务。小型金融机构一般购买云主机、云存储、云数据库、容器

PaaS 服务、金融 SaaS 应用等服务。

根据中国信息通信研究院的调查,金融机构更倾向于采用自建私有云模式。在国内已经使用云计算技术的 161 家金融机构中,69.57% 的金融机构采用自建私有云模式搭建云平台,19.25% 的金融机构采购由专业云服务商提供的行业云服务,同时,11.18% 的金融机构使用公有云。

企业上云,安全性和可持续性仍是金融行业的首要关注。在开源问题上,大部分企业还是赞成开源和闭源共同存在,或者是协同发展。七成金融机构计划在未来信息化建设中,采用开源与闭源技术相结合的应用方式。

五、金融云计算的发展趋势与主要问题

从未来趋势看,随着大数据技术的完善、大数据和人工智能的融合,云计算在全领域发挥的作用将越来越大,在应用广度和深度上还有巨大的拓展空间。

(一)金融云计算应用发展趋势

1.国际上云计算在金融行业的发展趋势

国际新兴金融科技公司以云计算为依托,结合了大数据技术以及人工智能技术。这些技术不仅改变了金融机构的 IT 架构,也使得其能够随时随地访问客户,为客户提供了方便的服务,从而改变了金融行业的服务模式和行业格局。金融科技公司对云计算的使用,目前多在于支持非关键业务,比如提升网点营业厅的生产力、人力资源、客户分析或者客户关系平台,并没有在核心系统,比如说在支付、零售银行以及资金管理核心业务系统中使用云计算。就发展趋势看,云计算在国外金融领域的应用将向核心业务拓展。

在云类型使用上,调查显示,近30%的企业目前使用私有云,但到2020年,使用私有云的企业已下降至19%,这说明企业越来越看重公有云。这是超大规模云计算增长的基础。企业中目前有近 1/4(22%)正在部署超大规模的云计算。

2.国内云计算在金融行业的发展趋势

首先,政策环境支持云计算在金融业的应用。国家层面高度重视金融行业的云发展,随着国家"互联网+"政策的落地,金融行业"互联网+"的步伐也不断加快,同时银保监会和人民银行颁布了相关的指导意见和工作目标。颁布了《国务院关于积极推进"互联网+"行动的指导意见》,明确指出"互联网+普惠金融"是推进方向,鼓励金融机构利用云计算、移动互联网、大数据等技术手段加快金融产品和服务创新。

原银监会《中国银行业信息科技"十三五"发展规划监管指导意见》,首次对银行业云计算明确发布了监管意见,是中国金融云建设的里程碑事件,明确提出积极开展云计算架构规划,主动和稳步实施架构迁移。正式支持金融行业公有云,除了金融私有云之外,银监会第一次强调行业云的概念,正式表态支持金融行业云的发展。人民银行颁布了《中国金融业信息技术"十三五"发展规划》,要求落实推动新技术应用,促进金融创新发展,稳步推进系统架构和云计算技术应用研究。

其次,传统金融机构与互联网金融机构云建设积极推进。在政策环境支持、业务及运行维护系统高效敏捷运行需要、业务模式更新与增效减负的成本节约等因素激励下,金融机构开始高度关注分布式云计算架构下 IT 的发展与应用部署,积极拥抱云计算,纷纷加强机构上云规划与落地措施。随着云计算技术的进一步成熟与监管规则的细化和明晰,国内金融云计算的发展有望居于全球领先地位。

（二）金融云计算应用的主要问题

金融行业应用云计算的主要问题,体现在两个方面:一是相关监管合规要求不明确。传统金融机构 IT 系统无法适应现有云计算架构,原有监管要求同样约束了现在的云计算系统,有一些监管要求数据隔离,而云计算架构不能完全满足原来的监管要求,所以相关监管机构应当调整对云计算架构的监管要求。

二是试错风险比较高。金融行业对 T 系统稳定性有着相当高的要求,对事故是零容忍,一旦系统宕机,则会导致重大社会影响,因此,金融机构对系统迁移比较谨慎,不会一步就将原有系统迁移到云上。另外,云计算在金融行业应用处于起步阶段,其中很多问题需要云计算服务商探索解决。

此外,就具体的金融企业应用而言,融合式架构管理是一个重要问题,现在金融行业使用云计算需要从外围系统到核心系统逐步迁移,对于原来广泛依赖于传统集中式 IT 架构的金融机构而言,在未来很长一段时间内将处于集中式与分布式两种架构并存的时期。对于金融机构来说,最大的挑战就是如何管理好融合式架构,应进行相应的研究,做好分布式架构的规划和实施。

再者,金融行业使用云计算现在多用于开发环境,关键系统并没有迁移到云上,这会大大降低云计算的效率,因此研究金融行业使用云计算的可行性,应鼓励金融行业逐步将核心系统迁移到云上。

最后,金融云计算产品和服务有待建立专门的评估方法。现在市面上云计算产品和服务各式各样,没有针对金融行业的专门评估,计算产品和服务的评估标准缺失,导致金融机构难以选择,因此需要明确建立评估标准,推进第三方评估,规避 IT 系统转型技术风险。

应用案例

案例 5-1:云计算在银行业的应用

平安金融云——差异化金融云助力银行数智化转型

近年来,金融云成为推动银行业数智化转型的重要动力之一,其发展趋势备受业界的关注。金融云如何能更好地赋能银行数智化转型?对此,作为一家有着丰富专业经验的云服务提供商——平安金融云有一套自己的方法论。

作为金融基础设施的关键,金融云能将各金融机构及相关机构的数据中心互联互通,构成云网络,利用云技术去提升金融服务的能力以及进行金融服务的创新。目前,很多国内的金融机构意识到了金融云的重要性,大部分机构都已经涉云。但是上云的系统数量相对来说还是比较少,云在金融机构的渗透率还是比较低,目前国内金融机构并未充分发挥云的价值,还未能很好地利用云去促进自身业务的发展和创新。

只有差异化的金融云才能满足银行较高的数智化转型需求。依托平安集团的实践经验,平安金融云可从四个方面做到促进金融机构的数字化转型:首先,输出的形式和内容跟传统的云计算公司不太一样。平安金融云输出的内容主要是从咨询+解决方案配套角度输出,而不仅仅是输出一个云计算技术底座,这样能够让云建成以后可以充分发挥它的价值。其次,不仅仅是应用单一能够上云,而且能将业务架构、应用架构以及和云架构紧密结合起来,做到端到端支撑业务转型。再者,在 IaaS 层面,平安金融云有一套跟金融行业适配的技术和产品。2018 年人民银行就在着手制定金融云的规范,从技术、架构、容灾三方面做了特别规定,对 IaaS 八项服务以及 PaaS 四项服务做了明确要求。平安金融云来源于平安的实践,同时充分遵循监管规范。最后,平安金融云可以实现从需求、研发、监控、运行到全流程支持,从业务需求方、到需求分析方、到代码研发管理、再到发布和运维,一站式的统一管理,支撑金融机构敏捷用云。只有采用云+云解决方案+配套服务系统综合输出模式,才能让金融机构有效地把金融云应用起来。

简而言之,平安金融云能够做到输出一系列合规、有扩展性、前瞻性的基础设施建设工具,同时有一套比较完善的经验和解决方案,帮助金融机构建设好一朵云,能够把应用迁移上云,同时能够管好云、用好云,助力业务创新和发展。

案例 5-2：云计算在保险业的应用

中国人寿"稻客云"：开辟云计算多云融合之道

中国人寿保险股份有限公司(以下简称"中国人寿")的"稻客云"作为企业的 PaaS 平台,融合了容器技术、自动化技术、服务网格技术等先进科技,集成了企业在研发、测试、运维、服务、安全等领域的三十多项基础技术能力,为应用提供了全生命周期的技术支持。创造性地打通了私有云与公有云的壁垒,使中国人寿寿险公司的业务发展不再受限于自身设备资源及研发能力的限制,加速了应用创新成果向最终用户的快速转化。

以前,保险业务从研发到上线需要不同组织单元反复沟通协调,往往花费数周到数月时间,很可能错过了业务推广的最佳时机。而现在,在"稻客云"的助力下,中国人寿线下分散的研发流程被线上化重构整合,形成一条自动化的云上研发流水线。

中国人寿"国寿 E 店",就是借助"稻客云"完成了线上研发、自动构建、部署测试、生产运行等一系列工作。整个过程极大地降低了沟通成本,减少了重复性工作的投入,缩短研发周期,使应用投产的平均时长由原来的天级缩短至分钟级。目前稻客云每月支持系统集成 20 余万次,每月自动化交付的研发成果物达千余次。

中国人寿的"稻客云"打通私有云 PaaS 与多公有云 PaaS,实现应用在私有云 PaaS 及多公有云 PaaS 间的无缝混合部署、跨多云应用互联互访,在 PaaS 混合云的使用方面处于业界前沿。利用"稻客云"多云能力,中国人寿可以将关键应用部署在不同的隔离环境,保障应用稳定性的同时,充分利用公有云资源在业务高峰时进行弹性扩容,稳定支持每日达 20 余万次的用户认证,并支持出单业务的连续稳定进行。

就像天空中没有两朵一模一样的云,云计算的云也各有特色。相较而言,私有云安全性、可用性、可控性更高,公有云拥有较低的成本投入和灵活的资源可扩展性,以及丰富多样的资源规格和特殊设备。多云融合,可以充分发挥每朵云各自的优势,优化匹配业务需求和云平台的技术能力。

"稻客云"对公有云 PaaS 能力的引入,扩展了企业 IT 实力的边界,使企业业务创新的发展不再局限于企业内部能力。目前"稻客云"已大量使用公有云计算资源作为研发及生产环境自有资源进行扩展,该资源的补充不受机房面积与地域的限制,随需增减;中国人寿寿险公司的人工智能应用,通过"稻客云"提供的 PaaS 解决方案可以便利地享有公有云廉价 GPU 资源,有效降低企业采购及搭建维护高昂 GPU 集群的成本投入;通过"稻客云"集成的公有云的智能服务能力,已被快速应用到企业的业务发展中,而不受企业自身研发能力和成本投入的限制。

近年来,党和国家高度重视数字技术、数字经济。互联网、大数据、云计算、人工智能、5G 网络等数字技术日益融入经济社会发展各领域全过程。党的十九届六中全会审议通过的《中共中央关于党的百年奋斗重大成就和历史经验的决议》着重强调,党坚持实施创新驱动发展战略,把科技自立自强作为国家发展的战略支撑,加快建设创新型国家和世界科技强国。云计算作为数字化时代重要的创新技术之一,多次被写进国家"五年规划"和政府工作报告中,已经成为推动新一轮产业变革和引领社会经济创新发展的重要驱动力。

中国人寿积极拥抱云计算,自 2017 年起开始研发自主掌控的"稻客云",打造了行业领先的一站式多云 PaaS 平台,率先实现了应用在私有云及多公有云之间多云多活、跨云无缝迁移部署及跨云安全互访,创造性地构建了多云共生生态,催生出了众多创新应用。

"稻客云"自建设以来,不断取得突破,凭借领先行业的技术创新优势先后荣获中国信息协会、中国金融 CIO 联盟颁发的"中国保险行业信息化创新项目奖"、金融电子化颁发的"金融科技创新突出贡献奖"、IDC 颁发的"金融行业应用场景创新奖"和"未来数字创新领军者"奖项。

未来,中国人寿寿险公司将继续紧跟国家顶层战略规划,紧抓科技创新体系建设,依托"稻客云"平台建设,汇聚多云之力,推动科技创新加速,以更多更优的数字化转型成果,助力公司高质量发展和客户服务水平的不断提升。

案例 5-3:云计算在证券业的应用

金融科技时代,广发证券的秘密武器——云原生

券商正在拥抱金融科技,这是一个不争的事实。随着区块链、云计算、人工智能等新技术应用日益广泛,券商转型的核心思路正在从电子化、网络化转向全面数字化、智能化。

"十四五"规划建议明确提出,要"构建金融有效支持实体经济的体制机制,提升金融科技水平,增强金融普惠性",再一次强调了金融科技发展的必要性。在政策与技术的双利好下,券商们纷纷加大了对科技的投入。

根据麦肯锡的数据,2017—2020 年券商整体科技投入年均增长 33%,科技投入占营业收入之比从 4.2%上升到 9.1%;第一梯队券商在科技投入上也超过同业平均水平,三年间科技投入年均增长近 40%。

广发证券 2017 年就将科技金融列为五大发展战略支柱之一,持续加大金融科技投入和基础设施建设,不断提高核心技术自主研发占比,在日新月异的技术更迭中,奔向数字化、智能化转型的脚步也越来越快。

在券商数字化的早期,常常通过单一项目引进多种技术,每种技术大部分只是为了应用自身服务,并未形成统一的技术栈,这就造成了早期的异构系统较多,一致性不佳。如果要进行自动化部署和运维,异构系统存

在诸多不便。考虑到容器技术将依赖项保存到基础镜像中,平衡有冲突的资源使用需求,有助于简化异构系统,进而实现自动化,广发证券团队在 Docker 和 Kubernetes(K8S)等容器技术尚未盛行之时,就开始了对容器化技术的探索。

2014 年,广发证券基于 K8S 自主研发了微服务平台 Eagle,于 2015 年开始大规模投入应用。基于 Eagle,行情、资讯、广发通、科技柜台、证券自助开户、智能投顾贝塔牛等核心业务系统实现容器化部署,极大地提高了服务治理能力和系统运维效率。2015 年,谷歌、微软、华为及一些大型云厂商共同创立了 CNCF(云原生基金会),席卷全球的云原生浪潮就此启动。

云原生(Cloud Native)的概念由美国顶级技术公司 Pivotal 于 2013 年首次提出:"云原生是一种构建和运行充分利用云计算模型优势的应用程序的方法。"究其本质,云原生仍然是一种软件架构,其最大的特点是在云环境下运行,核心是容器技术。在同年对容器技术完成了初步探索的广发证券,已经在无形之中完成了对云原生架构的铺垫。

随着技术的不断发展和信息数据的海量增长,广发证券的云原生实践也迎来了最重要的一次升级,2020 年广发证券在新一轮的金融科技战略规划中提出:要大力推进"业务中台、数据中台、技术中台"三位一体的数字中台建设。通过对过往平台架构维护建设的复盘归纳,广发证券确定了统一的以容器云平台底座为基础、以云原生技术打造技术中台,获得以自伸缩、自监控、自修复等自动化能力为主的升级方向。

目前我国提供云原生服务的厂商中,华为云提出了"云原生 2.0",认为企业的云原生化不仅仅是系统搬迁上云,而是整个 IT 架构完全基于云。这恰好符合了广发证券对云原生技术中台的期望。2021 年,广发证券启动与华为云的深度合作进行云原生架构升级。

借助华为云原生 2.0,广发证券逐步将公司系统架构进行升级改造。在此基础上,创建了多样化的容器工作负载,具备故障自愈、监控日志采集、自动弹性扩容等高效运维能力,完善了应用生命周期管理能力和自动扩缩容机制,提升运维效率。

同时,基于华为云原生 2.0 中的服务网格技术,无须修改代码就实现了灰度发布、流量治理和流量监控能力,使存量系统、外购系统也可以快速接入,并得到一致的服务治理水平;进一步简化微服务的管理,提升了应用的可靠性和可监测性,满足金融行业的高连续性保障要求;借助 CCE 平台异构能力,构建鲲鹏、海光等多异构底层能力,实现"一云多芯",满足应用从 X86 到 ARM 无缝切换,使业务系统在云原生架构帮助下提升适配能力,提高自主可控水平。

架构升级后,广发证券成功落地了"可组装"式的研发模式,每月上线的业务需求数从"每月数项"提升到"每月数百项",如 3 000 多万用户量的易淘金 App 进行云原生技术重构后,业务推出速度从按周提升到按天。在信通院、CNCF(云原生基金会)与华为云共同举办的全球云原生技术平台"创原会"上,广发证券获得了 2021 年度云原生技术创新奖。通过云原生升级,广发证券的数字化转型逐步进入了云原生 2.0 时代。

当前,华为云与广发证券也在资管投研等领域开展紧密的合作,未来华为云将基于华为深厚的全栈数字底座能力,助力广发证券全面深化"云+证券全场景"的应用。根据 IDC 近日发布的《IDC Future Scape:2020 年全球金融行业十大预测——中国启示》,到 2023 年,中国金融云市场规模将达到 35.9 亿美元,而这个数字在 2018 年还是 6.6 亿美元。也就是说,未来的金融行业将进一步与云原生深度融合。面向未来,金融行业将以更加开放的心态,借力社会资源来加速自身的数字化转型。

在 2021 华为智慧金融峰会上,广发证券信息技术部总经理柯学表示,广发证券与华为云共同提出了"共建开放金融新生态"的构想。未来,广发证券将坚持践行云原生,将广发证券在数字化转型方面做的探索和能力沉淀,通过云原生技术赋能公司全业务线、全业务流程及行业机构,共同参与重塑行业价值链,加速数字化转型,助力行业继续高质量发展。

【本章小结】

1.云计算是一种通过网络按需提供的、可动态调整的计算服务。

2.云计算的基本原理是使计算分布在大量的分布式计算机上,而非本地计算机或远程服务器中。

3.云计算的主要特点有:规模庞大、虚拟化、动态伸缩、可靠性高、通用性强、按需服务、费用低廉。

4.云计算平台也称云平台,是指基于硬件的服务,提供计算、网络和存储能力。

5.云计算有三种服务形式:基础设施即服务 IaaS (Infrastructure as a Service)、平台即服务 PaaS (Platform as a Service) 和软件即服务 SaaS (Software as a Service) 。

6.云部署是指云计算资源的部署方法,可分为 3 种类型:公有云、私有云、混合云。

7.云计算的核心技术是虚拟化技术,支持云计算基础的是计算机系统技术,包括分布式数据存储、数据与平台管理技术、云安全保护等关键技术。

8.金融机构应用云计算的首要目的是缩短应用部署时间、节约成本和业务不中断。

9.云计算在金融领域有着重要的运用价值。

10.金融领域云计算平台的技术架构要求,涵盖云计算的服务类别、部署模式、参与方、架构特性和架构体系等。

11.金融行业使用云计算有两种模式:私有云和行业云。私有云适合于大型机构;行业云适用于中小机构。

【专业术语解释】

云计算	云平台	基础设施即服务(IaaS)
平台即服务(PaaS)	软件即服务(SaaS)	公有云
私有云	混合云	虚拟化
虚拟机	分布式数据存储技术	云安全保护技术

【本章习题】

1.什么是云计算?

2.云计算的基本原理是什么?

3.云计算的特点有哪些?

4.云计算的3种服务模式是什么? 分别是什么意思?

5.云部署有哪几种类型? 分别是什么意思?

6.金融机构运用云计算的目的是什么?

7.云计算运用在金融领域有哪些重要的价值?

8.金融云的技术架构要求有哪些?

9.金融行业使用云计算的模式有哪些? 分别适用于什么金融机构?

【进一步阅读资料及相关链接】

1.中华人民共和国国务院.国务院关于促进云计算创新发展培育信息产业新业态的意见[EB/OL].中国政府网.

2.阿里云

3.腾讯云

4.华为云

5.百度金融云

6.平安云

管理篇

GUANLI PIAN

第六章

金融科技风险与监管

随着金融对科技需求的不断增加,金融科技不再是金融和科技两个领域的简单组合,不是把金融类的业务搬到网上和手机上,而是金融与科技的融合,这不仅是各渠道的整合,更重要的是在思想上和方法上的全面融合,这是金融和科技互通的有机融合。金融科技作为科技驱动的金融创新,给金融从主客体上、功能上、运营效率上及金融服务的供给上带来了质的飞跃,正解决着金融方面发展的不平衡和不充分等问题。

虽然金融科技的运用解决了传统金融存在的一些问题,但目前仍处于不断探索和逐步成熟的过程,加之传统金融本身存在的如影子银行、地方债务、非法集资等仍未解决的问题,金融和科技的融合而衍生出来的风险更加值得重视。金融科技风险正在技术风险以及经济风险两方面给我们带来风险和安全的挑战。为了有效地解决这个问题,我国监管机构付出了很大的努力,在多个方面作出了有益尝试,并取得了一定成果。

第一节　金融科技技术风险

一、金融科技技术风险的内涵

科技是金融科技的重要载体,一切金融科技皆以科技为其手段。因而,科技创新所固有的不确定性特征亦是金融科技风险的重要来源。例如,区块链应用了大量密码学技术,属于算法高度密集的工程,出现错误在所难免。一旦爆发高级别的漏洞,区块链整座大厦将轰然倒塌。科技本身的一些属性,使得金融科技相对于传统金融增加了一些新的风险问题,主要包括技术风险、政策风险等。

金融科技的技术风险是大数据、云计算、人工智能、区块链等数字技术不成熟而带来的潜在风险。金融科技的运行依靠的是科学算法、软硬件设备和互联网技术。算法的成熟程度、技术设备的可靠性、人员的技术水平均会影响金融科技手段的顺畅实施。如果金融科技存在技术漏洞,则会被人通过病毒等程序入侵到网络中,非法获取、篡改个人信息,窃取资金,危害公共安全。金融科技依赖的软硬件设备同样存在安全隐患。

除此之外,技术的漏洞还有可能引发其他风险。盲目追求创新技术、颠覆式技术,并在未严格测试的情况下实施技术,很有可能使技术沦为市场投机、操纵和欺诈的工具,使不法之徒利用技术游走在法律边缘。以互联网金融为例,互联网金融的基础是计算机网络,互联网系统的安全运行是互联网金融持续健康发展的保证。互联网技术风险会对互联网金融交易中的资金安全构成威胁。由于网络及计算机自身缺陷或技术不成熟造成的停机、堵塞、出错及故障,以及通过病毒、黑客等人为破坏手段构成的网络软硬件瘫痪、信息泄露、被篡改等都有可能导致资金的截留或被盗。同时,互联网支付密钥的技术管理以 TCP/IP 协议的安全性也会影响互联网金融业务中的资金安全性。

二、金融科技技术风险的特征

(一)传染性强

在分业运营和分业监管的体制下,传统金融机构的风险相对较小,业务之间的风险相对独立,风险关联性较小。金融科技广泛运用互联网技术、分布式计算与分布式存储技术,导致业务之间的隔离减弱。互联网机构与客户之间互相交错、互相渗透,各金融业务种类间、金融机构间、国家间的风险相关性日益增强。金融科技风险如同计算机网络病毒一般较容易在互联网中繁殖。因此,金融科技风险造成的预期损失,非预期损失和灾难性损失极易突破金融市场各业态的限制而传播。

(二)传播速度快

当代信息技术的发展,主要表现为计算效率更高、传输速度更快、存储容量更大。金融科技利用网络技术手段，一方面，能够远程快速处理金融信息，并且为客户提供更便捷快速的金融服务；另一方面，由于网络化与便捷度的提高，金融风险的扩散速度也快速增加。

（三）复杂程度高

随着金融科技企业的快速发展，金融产品、业务、组织和服务等被深度融合，金融科技"混业经营"趋势逐渐增强。在此背景下，金融科技企业的金融信息挖掘、处理和传播导致互联网信息系统的网络复杂性增加，任何漏洞都会增加因金融信息泄密、失密而造成损失的可能性。

（四）破坏性强

随着金融科技不断赋能传统金融业，平台逐渐依赖于业务数据化。与传统金融不同，金融科技具有数据高度集中的特点，一旦金融风险在短时间内突然爆发，进行化解的难度巨大。同时，其扩散面积和补救成本也随着数据密集程度而增加。此外，数据的高度集中也增加了发生系统性金融风险的可能性。

三、金融科技技术风险的分类

金融科技的技术风险主要是指网络技术风险，即因网络技术漏洞而导致的风险。一般来说，技术风险的构成因素包括网络攻击、网络病毒感染、技术漏洞等。

（一）网络脆弱性

网络脆弱性是指网络中任何构成安全隐患的薄弱环节的特性。网络是由计算机主机、通信子网、各种协议和应用软件等组成的复杂系统，在某些情况下，单个网络节点可能是安全的，或者某些单一行为不构成威胁，但在错综复杂的网络链接下，网络脆弱性问题就会凸显。网络脆弱性不单单是网络节点缺陷的反映，也是网络系统整体脆弱程度的度量。

第一，网络硬件、软件风险。主要指网络硬件安全、网络运行安全、传递数据安全等方面的问题。令人担忧的是,当今世界,我国网络使用规模位居全球第一,但由于关键技术落后,很多网络关键设备依靠国外进口,这就带来了一些无法预知的隐患。

第二,计算机病毒和间谍软件等新兴网络安全威胁,移动设备应用的普及进一步加剧了威胁。移动用户能够从住所或公共场所连接互联网或办公室网络,无意中感染病毒并将其带进单位环境,进而感染网络。虽然大多数机构使用身份验证分配用户网络访问权限,但对验证用户终端设备的安全作用有限。如果缺乏准确方法来评估设备状况,即便是高级别用户也可能在无意间通过受感染的设备或未得到适当保护的设备,将网络中的所有用户暴露在巨大的风险中。

第三,网络运行风险。运行风险体现在人们没有科学的网络操作意识,有高达80%的运行风险正是来自不正当的网络操作。正确的网络运行操作能够有效地减少网络病毒和黑客的攻击,能够有效地保证网络数据传输安全。与此同时,还能确保网络信息传输的可靠性,对减少技术风险有着不可取代的作用。

第四,信息风险。信息风险是指因为网络信息的虚假性和不准确性等带来的风险。虚假的网络信息成为网络诈骗的必要条件,只有遏制虚假网络信息的传播才能有效地发现诈骗信息并及时处理。

第五,数据泄露风险。数据泄露风险是指个人或组织数据因数据端口不当而暴露的风险。数据泄露将对个人或组织带来难以估计的损失。伴随着大数据时代的到来,数据泄露的频次、规模与范围也在迅速增长、扩大。数据泄露在为企业带来财产损失、信誉风险的同时,也使个人隐私保护受到严峻挑战。

第六,信息技术外包风险。信息技术外包是指企业以合同的方式委托信息技术服务商向企业提供部分或全部的信息功能。信息技术外包在可能为企业带来效用的同时,也潜藏了风险。这些风险主要包括:对外包的内容控制有限、过度依赖服务商、对服务资源失去控制、失去信息技术应用方面的能力、灵活性降低、差强人意的服务水平、缺乏对企业业务运转和需求的理解、信息的安全性受到破坏或威胁等。

（二）网络攻击

网络攻击是指针对计算机信息系统、基础设施、计算机网络或个人计算机设备的任何类型的进攻动作。对于计算机和计算机网络来说，破坏、揭露、修改、使软件或服务失去功能、在没有得到授权的情况下盗取或访问任何一计算机的数据，都会被视为是对计算机和计算机网络中的攻击。

网络攻击是利用网络信息系统存在的漏洞和安全缺陷对系统和资源进行攻击。网络信息系统所面临的威胁来自很多方面，而且会随着时间的变化而变化。从宏观上看，这些威胁可分为人为威胁和自然威胁。自然威胁来自各种自然灾害、恶劣的场地环境、电磁干扰、网络设备的自然老化等。这些威胁是无目的的，但会对网络通信系统造成损害，危及通信安全。而人为威胁是对网络信息系统的人为攻击，通过寻找系统的弱点，以非授权方式达到破坏、欺骗和窃取数据信息等目的。两者相比，精心设计的人为攻击威胁难防备、种类多、数量大。从对信息的破坏性上看，攻击类型可以分为被动攻击和主动攻击。

根据世界经济论坛发布的《2016 年全球风险报告》，当前世界面临的技术风险中，排名最高的就是网络攻击。网络攻击可以各种形式出现，包括简单侵入、破坏网站、拒绝服务攻击、间谍活动和毁灭数据。网络攻击源自网络技术的开放性。互联网是一个全球开放系统，大多数网络对用户的使用没有技术上的约束，用户可以自由上网、发布和获取各类信息。全球互联网用户如今达 30 亿之巨，网络开放性使得网络面临全球任意一个地方的潜在多方面攻击，或是来自物理传输线路的攻击，或是来自对网络通信协议的攻击，以及对计算机软件、硬件的漏洞实施攻击。

在行业层面，通信、媒体、高科技、金融行业因网络攻击面临高昂的财务成本。达信—微软 2018 年全球网络风险透视调查结果显示，超过 80% 的通信、媒体和高科技行业受访者预计，每起网络攻击事件给他们带来的成本可能超过 100 万美元。当前，我国关键信息基础设施面临的网络安全形势也不容乐观，大量党政机关网络被攻击篡改，网站平台大规模数据泄露事件频发，生产业务系统安全隐患突出,甚至有的系统长期被控,面对高级别持续性的网络攻击,防护能力十分欠缺,加上网络安全威胁具有很强的隐蔽性,网络攻击存在严重的风险隐患。

(三)网络控制

网络控制是指通过一系列的通信信道构成一个或多个控制闭环,同时具备信号处理、优化决策和控制操作的功能,控制器可以分散在网络中的不同地点,网络控制是针对网络自身的控制,主要是对通信网络的网络路由、网络流量等的调度与控制,基于网络的控制是对被控系统的控制,网络只是作为一种传输通道。

随着网络使用越来越普及,网络技术的风险也在逐渐向社会生活的方方面面渗透。网络技术创造了虚拟空间,是实现"非接触""不到场"的信息交互方式的具体手段,同时也为远程操控创造了条件。由于网络技术的不完备,普通网络用户只能依靠技术专家的力量抵御黑客、病毒和木马的入侵,而对技术专家的过度依赖又导致了技术专家对网民的控制。由于网络技术合理性的解释权掌握在技术专家手中,因此技术专家的行为处于一种约束真空的状态下。虚拟经济的技术选择模式、商业恶性竞争导致的技术异化,网络规范和立法缺失导致的技术失控都使网络控制变成了现实。特别是伴随互联网巨头在全球的竞争越来越激烈,市场越来越高度集中,全球寡头垄断的局面有可能出现,由个别或少数几家机构实施全面网络控制的可能性显著上升。

第二节　金融科技经济风险

金融科技的经济风险是指金融科技给宏微观主体带来的预期收入遭受损失的可能性,金融科技的经济风险主要包括:操作风险、流动性风险、信用风险、政策风险,而在不同业务形态下,这些风险又会存在不同的表现形式。本节内容将分析金融科技经济风险的不同种类,以及在不同业务形态下的金融科技风险的分析。

一、操作风险

新巴塞尔资本协议对操作风险的界定是"操作风险是指由不完善或有问题的内部程序、人员及系统或外部事件所造成的损失",同时指出,操作风险包括法律风险,但不包括策略风险和声誉风险。引发操作风险的诱因或事件具体可以分为七类。

第一,内部欺诈。有机构内部人员参与的诈骗、盗用资产、违反法律及公司章程的行为。例如内部人员的虚报、内部人员的偷盗、在职人员的内幕交易等。

第二,外部欺诈。第三方诈骗、盗用资产和违反法律。例如抢劫、伪造、开具空头支票及黑客对电脑系统的破坏。

第三,雇佣及工作安全。由于不履行合同或不符合劳动健康、安全法规所引起的风险事件及赔偿责任。例如工人的赔偿要求、侵害雇员的健康安全、有组织罢工及各种顾客的侵权诉讼。

第四,顾客、产品与商业行为。无法满足顾客特定需求的有意或无意行为,或者产品服务瑕疵造成的对客户利益的损害及赔偿请求。例如受托人违约、滥用客户私密信息、不正确交易行为、洗钱、销售未授权产品等。

第五,有形资产损失。由于灾难性事件或其他事件引发的有形资产损坏或者损失。例如恐怖事件、地震、火灾、洪灾等。

第六,经营中断或系统出错。例如软件与硬件设计错误或损坏、通信中断等。

第七,涉及执行、交割及交易过程管理的出错或失败。交易失败、过程管理出错、间接管理失误、法律文件不完备、未经批准的顾客账户访问、合作伙伴的不当操作及卖方纠纷。

(一)网络支付业务的操作风险

网络支付作为新生事物,在借助公共网络的实时交互性、开放性、广泛性、关联性优势得到迅速发展并不断衍生新的创新服务的同时,也将网络固有的诸多不确定因素和风险隐患,以及衍生增值服务带来的金融风险裹挟入网络支付平台和支付服务中,这些风险隐患一旦爆发,传播速度更快,危害面更广,风险损失可能是灾难性的。结合操作风险诱因,中国第三方支付存在的操作风险主要表现在以下四个方面。

第一,违规经营风险。违规经营风险主要是指网络支付机构违反现行相关法律规定开展经营活动的风险,包括大量违规挪用客户备付金,造成资金链断裂,客户权益严重受损;伪造、变造支付业务、财务报表和资料,欺骗、掩饰资金流向;超范围违规发行网络支付产品。

第二,网络安全风险。网络安全风险是第三方网络支付机构面临的首要风险,尽管目前第三方支付机构均强调已经构建了多层的安全防护系统,并不断开发和应用更高安全级别的技术及方案,以保护网络用户的信息和资金安全。但是,网络安全漏洞及由此造成的损失始终无法根本杜绝。主要包括未经授权的支付风险和平台系统稳定运营风险。未经授权的支付风险主要是指内部工作人员泄露客户账户信息或者黑客利用客户身份安全认证机制存在的漏洞,远程攻击网上支付平台的安全系统和客户端应用程序,植入计算机病毒,窃取客户账户信息,利用账户信息发送未经授权的支付指令,违法转移客户资金。平台系统稳定运营风险是指平台网络遭受外部持续大量攻击,致使支付系统拥堵瘫痪;或者因工作人员操作错误误删程序代码,导致服务器宕机,无法正常开展业务。

第三,支付瑕疵风险。第三方支付机构发生支付错误、支付延迟或未支付等事件,造成客户损失而产生的赔偿责任。根据风险诱因的不同,支付瑕疵风险可以分为四种具体情形:一是由于支付机构内部工作人员的过错而造成支付中断或延迟。二是支付机构因必要的系统维护停机造成的支付服务终止。三是第三方原因造成的支付服务中断或延迟。

第四,洗钱和信用卡套现风险。网络支付主要通过密钥、证书、数字签名等电子认证方式确保支付的安全性。加密技术在一定程度上保证了客户的隐私权,同时也为非法交易主体屏蔽身份信息,制造虚假交易提供了掩护,导致监管部门难以甄别交易的真实性、追踪可疑交易和分析资金流向,为犯罪分子隐匿和形式合法化非法所得提供了渠道。

(二)P2P 网络借贷的操作风险

作为一种新兴金融业态,P2P 网络借贷面临的风险复杂多变、交叠转化、辐射面广,而相应的管理经验有限。结合中国问题平台的数据显示,P2P 网络借贷操作风险主要表现为:承销未经核准而擅自公开发行证券、误导欺诈、商品交易误导宣传、虚构借款标的和自融、违规挪用客户备付金、信息审核把关不严、对信息真实客观和完整性甄别不够、集资诈骗、非法吸收公众存款、洗钱、暴力催收个人信息泄露等内部和外部问题。之所以出现这些问题,主要原因是中国多数 P2P 平台迫于生存竞争的压力,在投资者片面追求高收益的非理性投资驱动下,盲目追求高收益以吸引投资者,做大规模,忽视平台网络安全机制、内部控制机制及公司治理机制建设,最终无法经受住市场考验而出现经营失败。以网络安全建设为例,多家平台由于黑客攻击造成系统瘫痪、数据被恶意篡改,资金被洗劫等。很多 P2P 平台整体安全技术水平与其业务风险不相匹配,缺乏专业防范黑客攻击的核心技术,给了黑客乘虚而入的机会。甚至很多投机者为了节省研发投入及时间成本,在移动端直接采用低端技术的手机平台系统开展业务,而低端技术在安全上存在着无法修补的技术漏洞。

(三)网络众筹的操作风险

众筹具备"互联网+金融"的双重特性,这种特质使其在具备传统金融风险之外,又因交易过程的网络化及合约的电子化而使交易的不确定性进一步增加。众筹操作风险主要包括平台客户账号被盗、未履行尽职调查义务、退货退款机制不健全、系统遭遇黑客病毒恶意攻击而失灵等。其中,互联网安全风险表现尤为突出。网络众筹的安全风险主要源于外部攻击和内部安全管理。外部攻击如 DDoS 攻击、黑客入侵、App 安全、业务欺诈等,内部安全管理如企业员工密码随意存放、使用弱密码无密码、下载不安全软件中毒导致电脑被黑客攻入等行为。在互联网金融领域,仿冒证券网站、虚假博彩、虚假理财投资事件发生率达到高峰,移动支付更是成为网络安全的重灾区,其中用于窃取隐私数据的支付类病毒占比达 14.80%。在互联网安全堪忧的环境下,依托互联网平台的众筹模式无疑避免不了信息安全风险。对于项目发起人而言,由于项目需要在众筹平台上展示以吸引投资者出资,项目信息须在平台公开一段时间,给不法分子模仿抄袭留出了空间和时间,造成项目信息流失,其知识产权易受到侵害。影响项目投资价值,项目发起人因此蒙受损失。对于出资人而言,由于网络安全系统不健全,电脑黑客层出不穷,电子身份识别和保密技术的不成熟使得出资人的信息安全处于威胁之中,很可能会出现交易记录和个人信息的流失,致使其蒙受损失。

(四) 互联网货币市场基金的操作风险

近年来,以"宝"类理财产品为代表的互联网货币基金的大热和井喷式增长,催生了中国互联网金融的第一波浪潮。然而,互联网货币基金,究其本质,仍属于货币市场基金范畴,仍然具有传统货币市场基金所具有的内在风险,同时叠加互联网"开放、自由、互动、去中心化"特性所隐含的系统安全风险,进一步放大了互联网货币基金的潜在风险。

互联网货币市场基金涉及巨额资金,操作风险引发的后果比较严重。因此,它对系统安全的要求比一般的互联网金融业务更为严格,互联网货币市场基金的操作风险集中于互联网平台风险。互联网平台掌握大量的客户私人信息。因此,一旦平台的网络安全系统被攻破,将直接影响货币市场基金的安全性。随着云计算技术和云服务平台成为互联网公司技术架构核心,后台系统和终端应用的安全问题越来越凸显。

二、流动性风险

所谓流动性风险,根据国际支付结算体系委员会(CPSS)和国际证监会组织(IOSCO)技术委员会的有关定义,指交易对手即使在未来预期有能力履约的情形下仍没有足够的资金履行金融债务。中国银行保险监督管理委员会(以下简称"银保监会")在 2009 年《商业银行流动性风险管理指引》中定义,流动性风险是指商业银行虽然有清偿能力,但无法及时获得充足资金或无法以合理成本及时获得充足资金以应对资产增长或支付到期债务的风险。

流动性风险可以分为融资流动性风险和市场流动性风险。融资流动性风险是指商业银行在不影响日常经营或财务状况的情况下,无法及时有效满足资金需求的风险。市场流动性风险是指由于市场深度不足或市场动荡,商业银行无法以合理的市场价格出售资产以获得资金的风险。但是,这两种流动性风险并不是相互独立的,而是相互传染和相互转化的,并可能形成系统性流动性风险。

(一)网络支付业务的流动性风险

中国第三方网络支付机构的流动性风险是指网络支付平台因无法及时获得充足资金或无法以合理成本及时获得充足资金,因此不能按约履行其支付义务(包括转账与提现)的风险。网络支付机构流动性风险的形成主要来源于第三方网络支付平台账户式支付模式下的备付金管理,以及支付平台作为货币市场基金网络直销平台承诺的"T+0"基金赎回与及时到账的垫资服务。

第一,备付金管理风险。在第三方支付系统中,支付的账务处理和支付指令的处理并不同步,交易环节和支付结算环节的资金流先由买方账户转移至支付平台账户,等买方收货确认授权支付后,才由支付平台账户转移至卖方账户。在这一过程中,由于货款普遍存在延时交付、延期清算的情况,致使大量资金沉淀于支付平台账户中。按照中国人民银行制定颁布的《支付机构客户备付金存管办法》的有关规定："支付机构接收的客户备付金必须全额缴存至支付机构在备付金银行开立的备付金专用存款账户；支付机构在满足办理日常支付业务需要后，可以以单位定期存款、单位通知存款、协定存款或中国人民银行认可的其他形式存放客户备付金。"2017 年，中国人民银行办公厅发布通知，自 2017 年 4 月 17 日起，支付机构应将客户备付金按照一定比例交存至指定机构专用存款账户，该账户资金暂不计息；具体缴存比例由中国人民银行根据业务类型和评级结果确定。这进一步加大了网络支付平台的流动性管理压力和潜在风险。据此分析，至少存在三种情形可能导致支付平台出现流动性风险：一是出现客户异常"挤兑"行为。由于未预料到的突发事件，平台客户短时间内大量提现（即客户将资金从平台账户转移至银行账户），导致平台以活期存款方式储备的客户备付金无法满足客户的提现需求，不得不提前支取以平台定期存款、协定存款等形式存放的备付金，导致提前支取定期、协议存款而遭受利息损失，例如降档计息或者以活期利率计息。以支付宝为例，二是违规操作引发的流动性风险。支付机构内部欺诈，例如违规挪用客户备付金，导致支付平台资金链断裂，引发流动性危机。三是备付金银行自身出现流动性危机扩散至支付平台。支付机构的备付金银行自身出现严重的流动性短缺，无法及时满足支付平台的日常转账提现需求而引发流动性风险。

第二，"T+0"基金赎回与垫资风险。第三方支付推出的各种"宝"类理财产品本质是货币市场基金。与活期存款相比，"宝"类理财产品有着较高的收益率；与传统的理财产品相比，有着较高的流动性，变现速度快，可以随时支取使用，通常为"T+0"或"T+1"模式，而且投资门槛非常低，通常是 0.1 元或 1 元起，适合普通大众的投资需求，但是这种余额增值服务本身也潜藏着一定的风险。支付平台承诺的"T+0"或"T+1"模式的余额支付或即时到账服务，实际是平台利用自身流动资金进行垫付，随后再调整相应的基金净值和份额。在这个垫付过程中，也极有可能出现流动性风险。这种流动性风险主要表现为基金因未预期因素遭受投资者短期集中大额赎回，导致基金流动性头寸和平台垫资无法满足投资者的赎回需求,而被迫高成本融资或以不合理价格出售资产所造成的损失。诱发平台客户"挤兑"的原因很多,包括但不限于以下一些情形:货币市场基金信用评级下调,基金信用风险显著上升,资产质量下降;基金管理或支付平台机构内部出现道德丑闻和违规事件,基金资产出现异常流失;基金投资者短期集中消费,典型如"双十一"购物节,导致余额支付高峰;股市行情上涨,基金持有者转投股市;银行理财收益上升,一定规模资金流向银行理财产品等。

(二)P2P 网络借贷的流动性风险

P2P 网络借贷的流动性风险主要表现为债权转让模式下的网络借贷平台,在投资人债权到期时,因没有足够货币资金或可偿债资产而不能以合理价格如约偿付投资人本息的风险。一些问题平台出现的提现困难、逾期提现或限制提现等现象就是平台流动性风险暴露的具体体现。导致平台出现流动性风险的主要原因,既包括制度层面的因素也包括操作层面的因素。在制度层面,由于P2P 平台不属于银行业金融机构,既不能公开合法吸收公众存款,也难以得到中央银行的流动性支持。因此,P2P 平台通常缺少稳定的资金来源和应急反应能力,这是导致问题平台出现流动性风险的主要制度原因之一。在操作层面上,平台拆标后的现金流期限与金额错配是导致平台出现流动性风险的首要原因。平台为满足借款人与投资人关于借款和投资的不同期限和金额要求而对借款标的所形成的债权进行期限和金额的拆分,如果拆分设计不当或因不可预期因素使得借款项目的现金流回报与投资人要求的现金流回报出现时间和金额的错配,就可能导致平台在某一确定的时间因没有足够的资金履行其对投资人偿付到期债务本息的义务而出现违约,尤其是在平台以自有资金提供本息保障时,一旦垫付超过平台的可承受范围时,资金链断裂就可能引发提现困难甚至集中"挤兑",流动性风险爆发。第二,平台无抵押快速放款的信贷模式是引发平台出现流动性风险的另一个重要原因。为了抢夺客户资源,一些平台在开发借款标的时提出了"无抵押、无手续费、低利息、当天放贷"的宽松条件,结果事后坏账激增,无法如期回款。然而,为了兑现对投资人的收益保证承诺,平台不得不"拆东补西、借新还旧",最终沦为滚雪球式的"庞氏骗局",一旦资金链断裂必然引发流动性风险。第三,P2P 网络借贷投资人所持有的债权投资通常缺少债权转让变现的交易平台,投资人往往被迫持有到期。一旦投资人需要提前兑付,只能通过私下渠道或者通过平台设立的交易渠道大幅折价出售,导致较大损失。第四,平台违规挪用客户备付金或者风险准备金却无法及时回款,导致平台客户出现提现困难甚至集中挤兑,平台操作风险演化为流动性风险。

(三)互联网货币市场基金的流动性风险

对于互联网货币市场基金,流动性风险主要表现为基金无法满足投资者的赎回需求,被迫进行高成本的外部融资或者以不合理低价格出售资产,导致基金净值下降,甚至触发投资者"挤兑",形成无法控制的流动性紧缩风险。影响中国互联网货币市场基金流动性风险的因素主要有两类:一类是内部因素,包括基金规模、基金经营业绩、基金流动性资产比例、基金投资者的结构和成熟度;另一类是外部因素,包括宏观经济发展、国家政策、资本市场发展水平、股市行情、基金同业竞争等。内部因素通常是非系统性的,可以通过一定努力实现控制,而外部影响因素通常是系统性的,难以消除,部分因素可以采取一定措施进行对冲。基金规模对基金流动性风险的影响有正负双重效应。

较大的基金规模通常具有较好的品牌效应和资产配置能力。因此,在基金配置资产时,例如,银行协议存款具有较强的话语权,可以获得较高的收益。品牌效应也有利于吸引更多的投资者进入。但是,较大的基金规模也意味着基金面对的日常赎回规模较大,尤其是对于承诺"T+0"赎回时效而采取先行垫付机制的互联网货币市场基金而言,基金的正常赎回压力也较大,较高较好的基金业绩能够吸引更多的投资者进入,从而使赎回压力较小,基金的流动性风险较低;但是,较好的基金业绩是通过配置大比例的流动性较差的高收益金融资产实现时,则货币基金流动性风险较高。基金流动性资产配置比例的高低直接决定了基金的流动风险大小。较高比例的流动性资产,意味着基金可以随时以合理价格变现资产以满足投资者的赎回要求,流动性风险较小;反之亦然。相对于中小散户投资人,机构投资者的抗风险能力较强,投资决策相对理性。因此,在其他条件相同的情形下,如果基金持有者中机构投资者比例较高,则风险事件引发大规模赎回的可能性较低,基金流动性风险较小。反之亦然。外部因素对基金流动性风险的影响通常难以预测和掌控,例如,货币政策的变化直接影响整个金融体系的流动性松紧和资产价格变化,也必然影响单只基金的流动性状况。资本市场发展水平决定了货币基金可配置的低风险、流动性较好的金融资产数量和类型。具有一定深度和广度的资本市场,可以为基金提供更为多元化的可配置资产、更为公允的市场价格及更为广阔的市场,为基金的流动性管理提供更为便利的市场条件。

三、信用风险

信用风险又称违约风险,一般是指交易对手未能按照约定履行其义务而给当事人造成经济损失的风险。诱发信用风险的因素有很多,包括交易对手的欺诈、管理不善、市场波动等。

(一)网络支付业务的信用风险

第三方网络支付的信用风险主要表现在两个方面:一是交易双方的违约;二是支付平台自身的违约。

第一,交易双方的违约。由于电子交易是交易双方在虚拟网络中达成的,无须面对面,因此,信息不对称与信用缺失问题相对于线下的面对面交易更为严重。第三方网络支付平台的出现,尤其是在有担保的支付模式下,在一定程度上解决了交易双方的信用缺失问题。但是,目前支付平台同时提供的快捷支付、网银支付等支付模式属于即时到账模式,在这些模式下,买家发出支付指令通常先于卖家发货或买家收货而且不可撤销。因此,仍然存在卖家收到货款而不发货的违约可能。即使在担保支付账户模式下,也仍存在买家收货后点击退货,而卖家发货凭证丢失或者没有及时出示给第三方支付平台,卖家损失货物而得不到货款的可能。

第二,支付平台自身的违约。目前,大多数第三方网络支付公司都采用了担保支付的二次清算模式,从而形成了客户在第三方支付公司账户的资金沉淀。沉淀资金主要包括交易过程中的在途资金和交易前后预存或暂存在平台的资金。为了保证交易的安全性,第三方支付平台规定只有当买家收到商品并作出反馈后,系统才能把货款划到卖家账户,这就形成了在途资金。此外,买家或卖家在交易前后将资金事先预存或事后暂存在支付平台账户中,随着用户数量的急剧增长,这部分资金沉淀量也会巨大。这些沉淀资金的安全性基本依靠第三方支付平台自身的安全和信用得到保障,而第三方支付平台的信用却无人担保。虽然《非金融机构支付服务管理办法》规定,"备付金存管银行应当对存放在本机构的客户备付金的使用情况进行监督",但是由于备付金通常是以支付机构的名义存放在备付金银行,备付金银行完全依据支付机构的支付指令划转客户的银行账户资金。因此,支付机构可以通过发出未经授权的虚假支付指令来挪用客户备付金,从而出现服务违约,造成失去公信力的可能。尤为值得关注的是,中国人民银行在对《支付机构客户备付金存管办法》的解释,明确客户备付金不属于银行存款,不在存款保险机制的保障范围内。因此,一旦客户备付金发生异常损失,只能用支付机构的自有资产进行清偿,或者通过第三方保险增信机制得到赔偿。此外,支付机构经营失败也可能导致支付服务终止,从而引发客户的直接和间接损失。

(二)P2P 网络借贷的信用风险

具体到 P2P 网络借贷交易中的信用风险,可以根据交易行为主要涉及的利益关联方,借款人、投资人(贷款人)、网络平台及担保人(如果存在担保关系)区分为个体信用风险与平台信用风险。

第一,个体信用风险。个体信用风险是指借款人未能按照借款合同约定履行其义务而给投资人(贷款人)带来经济损失的风险。P2P 网络借贷的主要客户群是中小微企业和个人。这些交易者原本就是被传统金融机构排除在目标客户之外的高风险人群,抗风险能力较弱、信用记录不完整及行为的非理性成分较多是此类人群的典型特征。虽然网络借贷的出现可以有效解决部分小微企业和个人的资金借贷需求,但是在中国小微金融征信体系建设仍然十分欠缺,在小规模借款人信用风险评估能力和风险控制能力十分有限的情况下,借款项目的可行性、真实性难以准确判断,贷后追踪与司法处置的成本较高,借款人凭借信息优势容易出现道德风险和逆向选择行为,最终导致"劣币驱逐良币"的市场后果,行业信用风险整体上升。

第二,平台信用风险。平台信用风险是指因 P2P 平台违约而给投资人带来经济损失的风险。主要表现在以下四个方面:首先,在债权转让模式下,平台通过大量投资(如买断专业贷款人的债权或投资其他资产)并分割打包成理财产品出售给投资人,平台作为债务人,可能因最终借款人的大规模违约而无法获得足够的现金流入用于偿付投资人的本息,导致平台违约。其次,在纯信息中介模式下,平台为吸引投资人而以其自有资金为基础提供本金保障甚至本息保障,这使得投资人忽视对投资安全性和自身风险承受力的合理评估,更多地依赖平台信用进行盲目放款。因此,一旦出现借款人违约迫使平台规模履行保障承诺时,平台可能终因资金链断裂而违约。再次,在担保模式下,担保机构因严重超限担保而导致资金链断裂,无法履行其代偿责任,给投资人带来经济损失。最后,平台违背客户账户管理约定,限制客户权限范围内的转账提现。

(三)网络众筹的信用风险

众筹信用风险主要表现在三个方面:

一是项目发起人的信用风险。众筹模式对项目发起人信息的审核,通常由众筹平台完成或平台聘请的第三方信用评级机构完成。但是,仅凭借项目发起人上传到众筹平台上的项目计划书及其他相关信息,难以辨别项目发起人与项目的真实性,存在严重的信息不对称情况,项目发起人存在隐瞒信息、弄虚作假的动机。诱发项目发起人信用风险的另一个原因是信息披露制度不完善。

二是投资人的信用风险。非专业投资人凭借经验直觉和投资冲动对项目公司或企业开展股权投资,缺乏对项目的理性判断和风险认识,并且普遍存在盲目跟风和追求短期高回报的心理。面对很多众筹项目难以快速收回成本并获利的现实,一部分投资人纷纷以各种借口要求"撤资",影响项目的后续融资与运营,致使项目失败。

三是平台的信用风险。平台信用风险主要源于两个方面:首先,审核、收费机制不健全。众筹平台的收入主要是靠项目融资成功后向项目发起人收取手续费,这一盈利模式决定众筹平台和项目发起人存在着利益捆绑关系,因此,项目的审核容易缺失客观性。平台有极大的冲动降低项目准入门槛,以此吸引更多的众筹项目上线,哄抬平台人气,甚至主动发布虚假项目信息,意图自融。除此之外,众筹项目的审核并不存在行业统一标准,每个众筹平台都有自己的审核制度,五花八门,导致上线项目鱼龙混杂,增加了监管难度。其次,客户资金缺乏有效监管,平台通过发布虚假支付指令挪用客户资金,最终给投资人带来损失。

(四)互联网货币市场基金的信用性风险

互联网货币基金的信用风险主要表现在基金所持有的债券发生违约或信用评级下降而遭受损失的风险。由于中国货币市场基金通常持有的是短期有价证券,而且对债券和非金融企业债务融资工具的信用等级作出 AA+以上要求,并且明确要求同一机构发行的债券、非金融企业债务融资工具及其作为原始权益人的资产支持证券占基金资产净值的比例合计不得超过 10%投资范围和投资额度限制。因此,通常而言,货币基金因债券违约而导致的信用风险较小。在经济繁荣时期,基金所持债券的信用等级较为稳定,债券或非金融机构债务融资工具价格也较为稳定,基金因债券价格下降而遭受损失的可能性较小,信用风险较低;而一旦进入衰退或者萧条,债券或债务融资工具信用评级下降的可能性较大,信用利差上升,信用风险较高。

四、政策风险

政策风险一般包括法律法规政策改变所带来的风险,以及宏观经济政策波动所带来的风险,具体到不同业务的政策风险如下。

(一)网络支付业务的政策风险

目前,第三方网络支付平台的法律风险主要来自客户备付金利息的收益权和处分权的法律纠纷。中国的《民法典》明确规定,保管人在返还保管物时,除应返还原物外,若在保管期间产生利息的,应一并返还。但从操作层面看,由支付账户持有人享有利息收入却并不现实。

第三方网络支付机构也同样面临宏观经济政策风险,主要表现在以下两个方面:一是第三方支付机构作为货币服务机构创造了电子货币,对传统货币的发行与流通及货币政策的制定和执行带来了深远影响,货币形势调控更为复杂,不确定因素增加;二是第三方支付服务机构的金融化发展,对传统金融监管带来挑战,稳定与发展成为监督管理部门棘手的抉择。监管政策的取向与变化也会深刻影响第三方支付机构的市场行为,给机构的经营发展带来不确定因素。

(二)P2P网络借贷的政策风险

P2P网络借贷的法律风险主要是合规性风险。随着P2P网络借贷管理暂行办法的出台和落实、民间借贷适用法律的逐步明确,P2P平台机构设立的合法性和业务的合规性都将在过渡期后受到政府的严格监管。主要包括两个方面:第一,平台的法律风险。平台的法律风险集中表现为平台业务模式的合规性。根据《网络借贷信息中介机构业务活动管理暂行办法》规定,目前采取债权转让模式及直接或变相提供担保或本息保障承诺的平台将涉嫌严重违规,必须实施业务转型,否则将依据相关规定受到包括停业在内的各项行政处罚甚至追究刑事责任。第二,出借人和借款人的法律风险。出借人的法律风险主要表现为电子借款合同的合规性风险,尤其是具体的合同内容及双方的最终认可可能直接影响其法律效力是否有瑕疵,进而可能对出借人的利益带来损害。对于借款人而言,通过平台借款可能面临非法集资、非法吸收公众存款、集资诈骗、非法公开发行证券等法律风险。

(三)网络众筹的政策风险

众筹模式作为一种新兴的融资模式,经历了几年的野蛮生长之后,在 2016 年迎来了洗牌沉淀期,众筹行业开始遇冷。究其原因,主要是对众筹平台的监管政策趋紧。然而,就在 2015 年全国两会上,国务院高度评价了互联网金融的社会价值,提出发展股权众筹试点。政策支持助推了整个行业的快速发展。但是,从 2015 年下半年开始,国务院发布《关于对通过互联网开展股权融资活动的机构进行专项检查的通知》并明确提出,严禁任何机构和个人以"股权众筹"的名义从事非法发行股票的活动。对检查发现股权融资平台或融资者涉嫌非法发行股票或者非法经营证券业务的,按照打击非法证券活动工作机制,及时提请省级人民政府做好案件查处和处置善后工作。发现涉嫌犯罪的,应当及时移送公安机关,依法追究刑事责任。未构成犯罪的,应当责令其限期改正,并依法立案查处。互联网金融专项整治就此拉开序幕。受到专项整治政策的影响,各地互联网金融备案机构均收紧了对股权众筹机构申请设立的备案受理窗口,给众筹行业的发展带来了更多的不确定性。

(四)互联网货币市场基金的政策风险

互联网货币基金的政策风险主要表现在宏观经济政策调控风险和监管套利风险。政策调控风险主要是互联网货币基金的发展在一定程度上影响货币政策调控的有效性。根据金融统计制度规定,除保险公司同业存放外,其他同业存款均不计入各项存款。互联网货币基金的投资资金若以协议存款存放银行,则计入 M2;若通过货币市场基金投向债券市场等其他领域,则不计入 M2。互联网货币基金汇集的资金在不同市场的快速流转,导致存款和货币供应量指标起伏波动较大,不确定性增加,影响了货币供应量作为政策操作中间目标的有效性,由此影响货币政策调控的有效性。

互联网货币基金存在监管套利,主要是由于当前中国互联网货币基金所募集的客户资金绝大部分投向银行协议存款。然而,根据中国目前的监管政策,这部分协议存款不同于一般工商企业和个人银行存款没有利率上限,也不受存款准备金管理。这部分协议存款的利率,由银行参照银行间市场利率与客户协商定价,通常远超过一般存款利率,并且为规避《货币市场基金监督管理办法》关于投资银行固定期限存款比例的限制,多数基金与银行签订了可提前支取的保护条款。协议存款的这种优势在流动性紧张时期尤其明显。这就为"余额宝"类互联网货币基金提供了套利空间,在一定程度上降低了金融市场竞争的公平性和市场效率。当然,在另一个层面上也推动了相关监管改革和利率市场化进程。2017 年 1 月,发布了《中国人民银行办公厅关于实施支付机构客户备付金集中存管有关事项的通知》,明确要求自 2017 年 4 月 17 日起,支持机构客户备付金按照一定比例交存至指定机构专用存款账户,该账户暂不计息。这一政策的出台压缩了支付机构监管套利的空间。

第三节　金融科技监管

一、金融科技监管的概念

（一）金融科技监管的基本含义

金融科技在提高金融资源的可获得性、便利性和覆盖率的同时,其跨市场、跨业务、跨时空的运作特征不仅使信用风险、流动性风险等传统金融风险变得更加隐蔽,而且导致信息科技风险、网络安全风险、数据安全风险等新风险更加突出,容易引发风险的交叉感染和跨界蔓延,进而加剧整个金融体系的脆弱性和不稳定性,这对现行的以机构监管为主的分业监管框架提出了挑战。金融科技监管的内涵在于,为顺应金融科技高速发展的新趋势和新动向,需要加快制定金融科技发展规划,加强配套制度建设,尤其需要为应对金融科技创新带来风险集中和交叉感染的复杂局面,营造兼顾金融科技创新和有效风险管控的监管生态环境。

金融科技监管是指对金融科技涉及的操作风险、流动性风险、信用风险、政策风险等制定并完善法律规则,采取有针对性的监管措施,加强和改善监管,保护金融科技消费者、投资者的利益,维护市场秩序,促进金融稳定与金融科技的可持续发展。

(二)金融科技监管的主要对象和内容

金融科技监管仍由市场准入监管、业务运营监管、风险评价、风险处置以及市场退出等相关要素和环节组成。监管对象应覆盖从事金融活动的企业、互联网平台和金融科技企业与机构。

二、金融科技监管的基本原则

金融科技监管应当坚持开放性、一致性、穿透性、审慎性、前瞻性等适应金融科技发展特点的监管规则。

一是开放性原则。开放性原则又称容错式原则,是一个允许试错、包容犯错和控制风险平衡的原则。金融科技是一个高度动态发展的领域,而法律法规不可能随时更改更新,监管不可能涵盖金融科技活动的所有方面,同时为鼓励健康的金融创新也应当给金融科技业务发展,留有适当的弹性空间,因此金融科技监管应当坚持开放性原则,在立法思考上、监管对策上应当坚持法禁不许、列负面清单的办法。

坚持开放性原则要处理好保护创新与监管的关系,既不扼杀创新又要防范管控风险。对如何平衡监管与创新的关系,可以考虑借鉴监管沙箱、监管科技等新理念和新工具,建立一套能够试错、容错、查错、纠错的包容性创新管理体系,使从业机构在风险可控和范围可控的前提下,探索开展应用试点、产品测验、技术验证,从而给真正有社会经济价值的创新留有适当的容错观察期。

为了保证开放性,要防止重要核心资源和金融基础设施的垄断,要认识到数据是核心的金融资源,所以一定要开放和透明;具有社会系统不可替代性的金融基础设施,要由国家来经营,要有公立的发展目标而非私立的经营目标。

监管需要与时俱进、适应发展。金融科技涵盖了很多业务类型,需要不同业务类型的风险作具体判断,并采取有针对性的监管措施。对于互联网支付、互联网基金销售等已经有比较成熟的监管模式的业务类型,应不断完善现有监管框架,为这些业务的发展创造良好的外部环境,充分发挥其服务社会公众促进实体经济发展的作用,对网络借贷、股权众筹融资等新兴业态,要在明确底线的基础上,为行业发展预留一定的空间。

二是一致性原则。针对面向不同类型的金融服务要遵循一致性监管原则。只要从事相同的金融业务,无论是金融科技企业还是传统金融机构都应一视同仁,依法依规实施相同的监管。同时要放宽市场准入,比如要给符合条件的金融科技企业发放金融业务许可证,这不仅有利于杜绝监管套利,还能形成一个良好的竞争生态。

三是穿透性原则。穿透性原则是指要透过金融科技产品的表面形态看清业务实质,将资金来源、中间环节与最终投向穿透连接起来,按照"实质重于形式"的原则甄别业务性质,根据业务功能和法律属性明确监管规则。对跨市场、交叉性的金融科技业务,实施一致性穿透性监管。这就要求不能够因为监管分工的问题而对金融风险事件视而不见,而是应该实行"穿透性"原则,对整个行业进行多方协调统一监管。要充分考虑金融科技风险的复杂性、多样性和交叉性,从宏观到微观的各个层次对各类传统风险和新生风险进行准确预测,有针对性地设定行业准入以及投资者管理等措施。应严格区分专门提供科技服务的金融科技企业与涉足金融服务本身的金融科技企业。对所有从事金融服务活动本身的企业,无论是否具有金融机构名称都要对其活动按照风险实质来监管,例如,具有社会化集资性质的业务就要有更为严格的管理,存在流动性转化和期限错配的业务就要接受流动性规则的管理。

四是审慎性原则。为防范金融科技特别是狭义金融科技的资产负债错配风险和流动性风险,应当强调对金融科技企业平台的资产配置行为的审慎性监管,针对重点企业、平台,监管部门应当对企业资产负债管理和压力测试情况进行审慎性评估,并视情况采取监管措施。应从系统重要性维度,把握创新和风险管理的平衡,小机构可以适当给予更高的创新空间和适当的监管容忍度,而金融机构一旦达到一定规模就应当接受更严格的监管。鉴于金融科技的风险特征,应该推行审慎监管。只有推行宏观和微观的审慎监管,才能有助于金融科技行业长期、平稳、健康发展。

五是前瞻性原则。监管立法既要反映现阶段的特点和实际需要,又应当具有前瞻性,既要为推动金融科技的持续发展留有余地,又便于金融监管向新的业务领域和监管对象延伸和拓展。

随着金融科技的发展,在金融机构逐渐变成数字化机构的同时,监管也要朝着科技化的方向发展。金融监管部门应当转变为数据化的管理机构,进入交易层面了解数据信息,作为大数据中心实施数据化监管。此外,除了行业协会,引入第三方机构(如独立的信用评估机构、会计师事务所、律师事务所)参与监督也很重要。

在监管的方式上,金融科技监管应当针对不同的监管对象分别实行公告监管、准则监管、实体监管或者是三者并用,因事制宜。

三、金融科技监管的必要性

(一)金融与技术融合创新风险

金融科技加深了金融业科技行业以及提供市场基础设施的企业之间的融

合,在增加了整个系统的复杂性的同时,也创造出更多的风险因素。金融与科技融合所带来的风险有以下四个方面的特征:

一是风险的隐蔽性、匿名性,加上风险传导速度快、范围广,可能引发系统性风险。随着金融科技的快速发展,金融参与主体逐渐多元化,金融业与科技行业之间业务不断渗透、信息逐渐扩张。单个市场信息的逐步对称掩盖了系统性信息的不对称,使得风险更为隐蔽和系统化。

二是数据风险与信息安全风险交织概率增大。发展金融科技业务要依靠大数据决策,所以数据风险体现在大数据本身的真实性上;数据真实性得到控制后,无法完全避免数据使用的风险;由于数据本身是信息,当数据使用和保护不当时,数据风险就可能演化为信息安全风险。

三是技术风险凸显。如果技术滞后,则不仅使金融科技机构错失良好的交易机会,而且浪费大量的人力、物力、财力,带来低效率;如果技术和交易平台系统与客户的软件版本不兼容,则将导致信息传输滞后甚至无法传输,从而可能造成客户大量流失。

四是监管套利风险。金融科技公司处于监管灰色地带,做类似银行的业务,却不受与银行类似的监管。目前各国对金融科技的监管理念、模式及措施存在差异,监管套利问题将难以避免。

(二)金融科技加剧金融脆弱性

金融科技的发展是一把双刃剑,在促进经济增长、提高居民生活质量等的同时也给金融业带来了更多的风险,加剧了金融的脆弱性,具体表现在以下四个方面:

首先,金融科技在促进金融发展、优化金融供给的同时,并不能降低金融的固有风险,反而可能将风险放大或以新的形式展现出来。金融、技术和网络风险很容易产生叠加与聚合效应,使风险传递得更快、波及面更广。

其次,金融科技的创新性容易产生合规风险和操作风险。金融科技企业依靠试错性创新,会使一些不够成熟的产品被推向市场,并很容易借助网络效应放大风险,造成大规模的资金损失。

再次,互联网环境具有无边界特点,业务环节比较模糊,金融消费者得到的金融服务可能只是一个单一结果,但其背后却包含着多个金融机构的分工协作和复杂整合。如何准确划分和认定金融产品和服务背后多个合作主体的法律责任和风险责任,并使其受到相应的监管约束,仅仅依靠传统监管手段难以解决。

最后,随着大数据技术在金融领域的广泛应用,数据使用不当和隐私保护不足问题日益突出。即使数据在收集过程中进行了"去身份化"处理,当数据量达到一定程度时,仍可以通过技术手段对身份标志进行复原。如果不加强监管,金融消费者很可能在其知情权和隐私权受到侵害时尚不自知。而主要基于形式合规原则的传统监管模式和信息保护手段在这方面则存在明显的短板,迫切需要使用新的技术手段来提高监管的有效性和效率。

(三)防范科技自身风险的需要

金融科技强调金融和科技的结合,核心是大数据、区块链、云计算和人工智能等科学技术的应用。而在互联网时代,技术本身就蕴含着巨大的风险,具体表现在以下四个方面:

在大数据方面,大数据容易导致非法用户入侵,窃取重要信息;非法添加和篡改分析结果,可能对金融机构以及个人甚至政府的决策造成干扰;个人信息存在泄露风险,互联网金融业面临用户移动客户端的安全管理和个人金融隐私信息保护的安全挑战,安全与便利性较难平衡。

在区块链方面,对于公有链网络而言,所有加入网络的节点可以无障碍地链接其他节点和接受其他节点的链接,可能导致信息源复杂且不可控;任何人可以通过观察区块链得出关于交易事件的结论,不利于个人或机构的合法隐私保护。

在云计算方面,由于多个系统共享云端的硬件,可能导致黑客针对安全漏洞乘虚而入,连带损坏其他云客户的系统;如果云计算服务提供商提供的接口不安全,客户会面临各种数据的保护、完整性及可用性上的风险。

在人工智能方面,如果网络受到攻击、网络设施受损、运转不正常等,都可能造成系统故障,很可能出现"成于互联网,败于互联网"的结局,以及技术失控等风险。随着人工智能对人工的更多取代,一旦应用环境和数据脱离用户的可控范围,将带来巨大的系统性混乱和不可预估的风险。

【本章小结】

1.金融科技风险可分为金融科技技术风险和金融科技经济风险两大类。

2.金融科技的技术风险是大数据、云计算、人工智能、区块链等数字技术不成熟而带来的潜在风险。

3.金融科技技术风险的特征包括传染性强、传播速度快、复杂程度高、破坏性强。

4.金融科技技术风险可分为三大类:网络脆弱性、网络控制、网络攻击。

5.金融科技经济风险主要有四大类:操作风险、流动性风险、信用风险、政策风险。

6.金融科技监管应当坚持开放性、一致性、穿透性、审慎性、前瞻性等适应金融科技发展特点的监管规则。

【专业术语解释】

| 金融科技风险 | 网络脆弱性 | 网络控制 | 网络攻击 |
| 操作风险 | 流动性风险 | 信用风险 | 政策风险 |

【本章习题】

1.什么是金融科技的技术风险?

2.金融科技的技术风险有哪些特征?

3.金融科技的经济风险可以分为哪几大类?

4.金融科技监管的原则有哪些?

5.金融科技监管的必要性是什么?

【进一步阅读资料及相关链接】

1.克里斯·斯金纳.FinTech,金融科技时代的来临[M].杨巍,张之材,黄亚丽,译.北京:中信出版社,2016.

2.李伦.人工智能与大数据伦理[M].北京:科学出版社,2018

3.王前,等.中国科技伦理史纲[M].北京:人民出版社,2006.

4.徐忠,孙国峰,姚前.金融科技:发展趋势与监管[M].北京:中国金融出版社,2017.

第七章

金融科技的未来发展探索

金融科技的快速发展,深刻改变着传统金融行业格局。金融科技能够大幅度降低金融成本,并且在很大程度上能解决金融体系的两大问题:难普难惠和脱实向虚,重构新的金融体验及金融模式。金融科技两大核心技术——人工智能和区块链,已经在很多场景中得到应用。新技术应用、新业务模式和新产品的出现对金融相关领域产生了重大影响,其以技术为纽带,促使传统金融行业摒弃低效、高成本的环节,从而形成良性循环。金融科技改变了原来的金融模式,在给人们带来方便的同时也会存在潜在风险,为此,我们需要继续探讨金融科技的未来发展及风险监管问题。

第一节　金融科技未来发展模式

经济基础决定上层建筑。近年来,金融科技快速发展,传统金融行业正面临重大的转折点。金融科技在很大程度上能解决金融体系的两大问题——难普难惠和脱实向虚。中国互联网金融 P2B 模式创始人之一、金融理财专家、易通科技董事长贾木云认为,金融科技的未来趋势有四个方向:第一个趋势是技术可以全方位地降低金融的服务成本,推动金融的普惠化;第二个趋势是金融的场景化;第三个趋势是改变了触达方式和商业的逻辑,以后的金融会以用户为核心,打造 C2B① 的金融生活概念;第四个趋势是传统金融和金融科技应当是互相激励、补充、融合生长的关系。

至于金融科技能在多大程度上缓解金融体系的两个难题——难普难惠和脱实向虚,下面就从这四个趋势来解析。

（一）降低金融的服务成本,推动金融的普惠化

金融一般涉及四种成本:获客成本、风险甄别成本、经营成本及资金成本。

---

① C2B(Customer to Business,即消费者到企业)是互联网经济时代新的商业模式。这一模式改变了原有生产者(企业和机构)和消费者的关系,是一种消费者贡献价值(Create Value),企业和机构消费价值(Customer Value)的模式。

前三种成本都可以在这个时代被技术非常深刻地改变。移动互联网深度改变了用户触达金融或者是获取金融用户的成本和效率。大数据、人工智能和云计算技术改变了风险甄别成本和效率。风险的甄别基于信息，大数据能甄别风险，人工智能其实就是一种大数据的学习能力，云计算的成本大概是传统 IT 成本的1/10，所以这三者的结合从根本上改变了甄别风险的成本和效率。其他的技术，比如说区块链代表的是不需要信任的信任，而信任是金融的基石。这些技术正在全方位地改变金融技术的基础设施，从而带来成本和效率的改变，这并不只是一个概念，而是正在发生的现实。

（二）金融场景化

在工业时代，金融中心与消费、商业和社交等的场景是分离的，如今则慢慢合二为一。将来的金融将渗透在场景中，不是分开、分离的情况。例如，消费者经常不自觉享受的一个险种——退货险，它金额很低，却让整个体验变得非常顺滑。除了保险之外，信用也能很好地与场景相结合。除了保险场景的应用，金融场景最让人觉得兴奋的是，信用在各种生活场景里面的应用，尤为典型的是在各个场合帮助客户免押金，任何需要押金的地方都是没有信任感的地方——这个很简单，全世界的信贷都是一种典当式的借贷，已经几千年了，这个问题需要解决。在租车、租房、骑行、酒店各个场合，人们都希望能够免押金，这就是"信用+生活"。信用在各种各样的场合都可以甄别风险，无论是在借贷还是出行、住宿中，信用越高，违约率越低，是个相反的有效甄别风险的能力。

（三）改变了触达方式和商业逻辑，将金融从 B2C 变成 C2B

在原来的金融模式下，用户只能在特定的时间和地点到金融机构中获得所需要的帮助，而且是条块分割的，以后的金融会以用户为核心，打造一个 C2B 的金融生活概念。比如余额宝，它帮助消费者做现金管理，围绕消费者随时随地服务。《从金融科技到金融生活》中阐述了"FinTech"这个词是金融科技的低级阶段，任何一个时代的金融都需要技术，金融科技的成熟阶段可以称为金融生活,即 FinLife,成熟的金融科技应该通过技术驱动把金融和生活紧密结合起来,服务好生活的场景,回归金融的初衷。这将是金融科技的概念和未来。

（四）传统金融和金融科技互相激励、补充，融合生长

世界上没有一家银行因为金融科技而倒闭,或者大量的资金流出。传统金融和金融科技是互补的关系,例如,金融科技企业做小额贷款,传统金融机构可能会做得更大额一点。金融科技企业与传统金融机构有相对能力上的差距,所以,金融科技企业在与传统金融机构合作时多做一些技术,而传统金融机构多做一些金融,因为这是相对能力差异化的选择。此外,从早期来说,金融科技有鲇鱼效应,就像余额宝产生以后带来了传统金融的改变。从短期来说,金融科技会引发鲇鱼效应,但从长期来说,"金融科技"这个词会消失,"互联网金融"这个词也会消失,也许这是金融的未来。

总体来说,中国的金融科技已经领跑全球,成为全球争相效仿的对象,全球的监管者和机构对中国的金融科技都非常感兴趣,觉得它代表了未来。做金融科技并不一定是做电商,而是一个跟场景的结合。在印度,电商没有做起来,但是场景是看电影的场景、缴费的场景。不管怎么样,金融科技就是把金融和场景结合起来,用技术的力量解决痛点,这种在全世界很多地方,尤其是人口众多、金融不够发达的地方有巨大的潜力。用市场化的力量做,输出的是技术能力,从各个角度来讲,无论是从帮助当地解决问题,还是从整个输出能力来说,都是一个很好的案例。

总而言之,关于金融科技,需要重点注意三点:第一,它能够降低成本,提高效率,但是这个远远不够;第二,技术一定要重构金融的体验,没有重构,金融科技就无从谈起,如果只有成本和效率,就不能解决生活中的问题,其实是没有用处的;第三,金融科技企业多做技术,而让金融机构多做金融,一起合作开放共享,共同为客户创造价值。以上这三点成本效率的角度、重构体验的角度,以及开放共享的角度构成了金融科技的含义。

第二节　金融新科技的应用

从金融的功能角度来说,金融的核心是跨时间跨空间的价值交换,所有涉及价值或者收入在不同时间、不同空间之间进行配置的交易都是金融交易。人工智能及区块链是基于大数据和云计算的基础上,在时间和空间上加速推动金融科技发展的两大核心新科技。

区块链从空间上延展了消费者支配价值的能力区块链最初为人所知,因为它是数字货币底层的核心技术,包括守恒性、不可篡改和不可逆性区块链诞生的那天创造了一种数字货币,它可以借助区块链点对点地进行支付和价值转移,无须携带,持有这种数字货币的人一样可以得到区块链跨越空间进行价值传递的好处,相当于自己通过技术手段在空间上延伸到了异地,直接掌控钱包和个人保险箱。另外,区块链还可以解决因通过中介交换价值而产生的信息不对称问题,比如,通过区块链设计事后点评的智能合约,将所有实名消费记录记载在区块链上。如果签署的差评多到一定程度,就可以通过智能合约发布商家事先私钥签名含有退赔、召回道歉等具体内容的声明,这样的技术手段可以真正做到由消费者而非中介来直接掌控交易信息。

人工智能正在提升价值跨时间使用的能力。人工智能能够在以下三个方面“跑赢”时间:

一是快速吸收信息,将信息转化为知识的能力。人工智能在对文本、语音和视频等非结构化信息的获取方面出现了较大飞跃,人类手工收集、整理、提取非结构化数据中有用信息的能力已不如人工智能程序。特别是文本信息在自然语言处理和信息提取领域,这样的技术不仅限于二级市场的量化交易,对一个公司上市前各融资阶段或放贷对象的基本面分析,乃至在实体经济中对产业生态和竞争格局的分析等,都可以使用这样的技术来争取时间优势。

二是在领域建模和大数据分析基础上预测未来的能力。时间最本质的属性就是其不可逆性。未来是不确定的,但又是有规律可循的。基于知识图谱的领域建模、基于规模化大数据的处理能力、针对半结构化标签型数据的分析预测算法三者的结合,是人工智能在时间维度上沟通过去和未来,减少跨越时间的价值交换所带来的风险的优势所在。

三是在确定规则下优化博弈策略的能力。价值交换领域充满了博弈,博弈皆须解决局势判断和最优对策搜索两个基本问题。人工智能可以比人更充分地学习有史以来的所有公开数据,可以比人更充分地利用离线时间采用左右互搏来增强学习策略,还可以几万台电脑共同协作,相对于几万人的协作而言,不存在人类面对利益考量及各种不淡定乃至贪婪的表现,所以人工智能在博弈环节的普遍应用也是一个必然趋势。金融科技核心技术的实操水平决定了金融科技企业的核心竞争力,大数据思维主导了金融科技行业的发展方向。人工智能和区块链作为金融科技核心技术,目前已经在很多可应用的场景崭露头角。新业务模式、技术应用、新产品服务对金融市场、金融机构及金融服务供给产生重大影响,但其与传统金融并不是相互竞争的关系,而是以技术为纽带,让传统金融行业摒弃低效、高成本的环节,从而形成良性生态圈循环。传统金融机构能否成功转型,或金融科技公司能否具备行业竞争力,取决于其是否能够研发出自己的核心技术,并且与金融环境相结合而使金融服务更高效。从具体应用上看,金融科技核心技术目前在如下领域已经开始成熟且逐渐延伸。

一、人工智能的应用场景

(一)人工智能的应用场景之一

智能投顾、量化投资对标全球,世界最大的对冲基金桥水在 2015 年组建了一个新的人工智能团队。Rebellion Research 运用机器学习进行量化资产管理,于 2007 年推出了第一个纯投资基金。2016 年 9 月末,安信证券开发的 A 股机器人大战 5 万投资者的结局揭晓,从 6—9 月的三个月里,机器人以24.06(年化

96%）的累计收益率战胜了 98%的用户。机器人运作模式是先从基本面、技术面交易行为终端行为、互联网大数据信息、第三方信息等演化成一个因子库，这属于数据准备过程。之后将因子数据提炼生成训练样本，选取机器学习算法进行建模训练，最后保留有效因子生成打分方程输出组合。机器人大数据量化选股较人类智能而言，更偏向从基本面、技术、投资者情绪行为等方面挑选因子，对 IT 技术、数据处理技术的要求较高。另外，人工智能还能够自动搜集企业公告、上百万份研究报告、维基百科等公开知识库等，并通过自然语言处理和知识图谱来自动生成报告，速度可达 0.4 秒/份，60 分钟即可生成 9 000 份全市场报告。新三板挂牌公司报告，在时空上的优势由此得以体现。

（二）人工智能的应用场景之二

信用卡还款截至 2022 年末，全国人均持有银行卡 6.71 张，在现代消费模式中，人们已习惯了信用卡或者手机绑定信用卡进行消费。"一人多卡"的现象有时会让持卡人忘记按时还款，逾期不还款的高额滞纳金会让用户产生损失。此种情况下，人工智能能够将用户所有的信用卡集中管理，帮助用户在不同的还款期内合理安排资金，以支付最少的滞纳金。若账户没有余额的情况发生，开发公司会提供比信用卡公司利率更低的贷款，帮助用户还清信用卡账单。

二、区块链的应用场景

（一）区块链的应用场景之一：数字货币

瑞银、德银、花旗等许多银行都已着手开发自己专用的数字货币。领先的比特币支付处理商 Snapcard 与格鲁吉亚共和国最大的支付服务提供商之一 UniPAY 达成了战略合作伙伴关系，整合 Snapcard 的数字货币支付处理技术，并将为商家和用户提供一种新型支付选项，除了可以使用比特币支付以外，还可使用莱特币、狗狗币等其他数字货币，商家和用户还能将这些数字货币兑换成当地货币。未来数字货币或将通过其交易效率高、交易成本低的优点代替现金及信用卡。

（二）区块链的应用场景之二：保险业规避传统保单中的信息不对称

阳光保险推出"区块链+航空意外险卡单"，是国内首个将区块链技术应用于传统的航空意外险保单业务中的金融实践。传统的航空意外险对于普通投保人一直存在显著的信息不对称问题，这也造成了航空意外保险一直是保险渠道中介商从中"上下其手"的"重灾区"。区块链技术正好可以解决中介环节中的信息不对称问题。保险公司、航空公司、客户依托区块链技术多方数据共享的特点，可以追溯保单从源头到客户流转的全过程，各方不仅可以查验到保单的真伪，确保保单的真实性，还可以自动化后续流程，比如理赔等。区块链作为一项分布式共享记账技术，利用统一共识算法构建不可篡改的数据库系统与保障机制，结合传统保险诸多环节形成资产数据流，使保险产品自动"流动"起来，减少由于信息不对称造成的成本与道德成本。此外，区块链航空意外险卡单设立在区块链上，没有中间商，保险卡单价格会明显下降，可以防止保险产品被中间商抬高价格而转嫁到消费者身上。

（三）区块链的应用场景之三：其他领域

区块链[①]在其他领域的应用场景可以概括为三大类：一是登记。区块链具有可追溯的特点，是记录各种信息的可靠数据库，可在客户信息登记领域广泛使用。二是明确产权。区块链数据共享的特点使得各个机构和个人均可参与整个系统的运作，每个参与节点都能获得一份完整的数据库资料。三是智能管理。区块链"去中心化"的特点可以使智能合同自动执行合约条款。此外，金融科技核心技术能否促使金融行业健康发展，与监管模式的创新息息相关。西方国家的初创公司和大型金融机构均在政府的监管要求下不断进行创新和探索。

---

① 区块链（Blockchain）是比特币的一个重要概念，它本质上是一个去中心化的数据库，同时作为比特币的底层技术，是一串使用密码学方法相关联产生的数据块，每一个数据块中包含了一批次比特币网络交易的信息，用于验证其信息的有效性（防伪）和生成下一个区块。

国内"行业自律先行、政府监管跟上"的监管发展路径在某种程度上有利于促进创新,不会将金融创新扼杀在摇篮中,但探索监管的创新模式也需要和行业发展齐头并进,清晰的监管体系或许能够让行业创新保持可持续发展。我国金融科技初创公司或传统金融机构应在健康的监管环境下,可适当借鉴西方国家的创新概念,将应用场景落地,缩短中西方行业发展的差距,使国内金融行业更加高效、便捷、安全利民。

第三节 金融科技监管发展

近年来,区块链、人工智能、云技术等新技术不断涌现,科技正更多地应用到金融行业。随着金融和科技的不断融合及政策的有力支持,金融科技迎来了进一步深度发展的新机遇。内地互联网金融公司在各个领域如雨后春笋般涌现,从最开始的数字支付平台,到后来的小额贷款,以及现在热议的数字货币区块链等,不断有新名词进入大众视野。通过从促进多元化主体间有效竞争、提高金融服务可获得性、降低信息不对称等角度,金融科技正以前所未有的速度推动着金融行业在提高效率、降低成本、增强透明、促进普惠的道路上迈进。与此同时,金融科技也在一定程度上强化了金融跨领域风险和交叉感染,对整个金融行业的冲击和影响也是不容忽视的。随着金融科技逐步成为非传统金融机构进行创新的重要工具,出现了股权众筹和区域性金融资产交易中心等多种互联网金融组织形式,对民间资金形成了巨大吸引,也造成了一些金融乱象,线上非法集资屡禁不止,股权众筹跑路频发,区域性金融资产交易中心乱批乱投,金融科技发展带来的地方金融风险逐渐凸显。例如,由于早期缺乏监管,国内P2P 平台野蛮生长,发生多起风险事件,包括老板跑路、集资诈骗等。至 2018年 7 月,国内 5 000 多家 P2P 平台中已有 3 000 多家停业,正常运营的平台中只有 10%左右是有证经营,若实行网贷平台备案制,或将有更多平台退出。因此,及时有效地识别和化解金融科技风险,成为金融监管需要解决的新问题。只有正确处理好安全与发展、风险与监管的关系,健全金融科技监管框架,才能全面促进金融科技的健康有序发展。那么,在监管层面,如何有效促进金融科技发展,加强监管,规避风险,是当下值得探讨的问题。

国家外汇管理局副局长陆磊在第五届金融科技外滩峰会上表示,金融科技的发展是一个必然的、不可逆的趋势,任何人都无法改变金融科技发展趋势,所以我们只能接受。他认为,金融科技的发展对现有的监管方式构成了挑战,因为金融科技令买家和卖家的信息日益对称化,导致原本依托审慎监管设置的一系列规则都可能逐渐失之于无效。

过去审慎监管的逻辑是:只要或只有金融机构安全,金融体系就必然或才可能安全。而现在买家和卖家直接见面,金融机构只是一个沟通的渠道,那么,它的安全性又意味着什么? 是不是需要偿付能力? 真正的偿付能力在最终的资金运用方。因此,对原本的银行也好、保险也好、证券也好,所施加的那些游戏规则都可能发生改变。金融科技监管最重要的是保证创业者、小型企业和家庭安全,可持续地获得金融资源,强化普惠金融和财务健康性。此外,监管层应思考如何构建数字时代的金融生态系统,让传统机构和新业态在这个生态系统中按一个产业链或按竞争关系和谐并存。与此同时,必须把消费者保护放到首位,拓展优质信用贷款渠道,为消费者管理财富提供真正有技术含量的支撑,严厉打击各种违法违规行为。

未来数字金融行业可能会出现很大分化,最后分化的结果是形成技术和金融两个不同领域的新的分工。也就是说,擅长做技术的,让他做技术;擅长做金融的,让他做金融。当然,中间肯定会有相当部分的机构和个人既懂技术又做金融,可以两个方面都做,但仍然要当作一个金融机构进行监管,这是未来的发展方向。

从机构本身来说,应进一步完善金融科技监管制度和自律规则,加强金融基础设施建设。金融科技没有改变金融的功能属性和风险属性。从业机构应该把金融科技安全放在更重要的位置上,在做好全面风险管理和安全保障的前提下,稳妥、审慎地推进金融科技创新;同时,也不能因为追求所谓的绝对安全,在促进发展、提升效率方面缩手缩脚、停滞不前。他还提出,从业机构应建立安全管理机制,切实防范重要数据被泄露、被篡改、被丢失和非授权访问等风险。应围绕实体经济金融需求和传统金融服务所暴露出来的短板,审慎选择相对稳定成熟、与业务发展契合度较高的数字技术,明确与相关合作方的责任划分与管理要求,科学制订实施技术应用的时间表、路线图、任务书,有计划、有步骤、有重点地推进金融科技创新,避免"拿着锤子找钉子"的应用误区。

(一)树立正确的服务理念和价值导向

实体经济①是金融发展的根本,大力发展实体经济是我国进一步推进供给侧结构性改革的要求,增强金融服务实体经济的能力是新时期进一步深化金融体系改革、以创新促发展的战略要求。金融科技的本质还是金融,因而仍要以服务实体经济为经营理念和根本目标。当前,金融科技逐渐广泛应用于实体经济的各行各业,应坚持正确的服务理念和价值导向,例如,有利于实体经济健康发展,有利于防控金融风险,有利于保护金融消费者权益。金融科技要服务实体企业,解决实体企业资金需求,例如,上市公司实体企业办理贷款业务,借助金融科技可以简化审批流程,从而大大节省时间成本,提高经营效率。同时,金融科技还要通过创新服务品种和模式,为实体企业实现高质量发展提供有效途径。总之,按照经济发展规律,只有服务以实体经济为导向的金融科技创新才有生命力,这也是金融经济发展的必经之路。

(二)构建全面的金融科技风险监管机制

首先,继续推进穿透式监管,认清金融科技业态本质。穿透式监管可以透过现象看本质,揭开各种金融犯罪的伪装,应该根据金融科技的金融特征,将不同的金融科技业务属性进行分类归口监管,并且由相关监管当局进行监管,明确监管规则和手段,加强监管的主动性、针对性和时效性,实现监管全覆盖,避

---

① 实体经济指一个国家生产的商品价值总量,是人通过思想使用工具在地球上创造的经济。

免监管空白。

其次,加强技术驱动型监管(即监管科技),进行持续动态监管。监管科技合理运用信息技术,采用动态化的、适应性的监管模式,通过数据标准化、技术标准化建设,注重监管主体与被监管机构之间的信息沟通,注重监管法规的机器刻度化,从而精准监管金融科技,并且实时进行调整,持续动态监管。

再次,适度简化监管程序。由于部分金融科技业务存在金额小、复杂程度低等特点,可以按照法律授权对小额、限范围的募资活动适度简化监管程序。一些国家和地区根据机构具体的业务模式适度地简化监管程序,避免了其承担不恰当的合规成本,这是基于匹配性监管原则的既定监管做法。最后,加强金融科技监管人才队伍建设,注重培养既懂金融监管又懂信息技术的综合性人才。

(三)建立有效的金融消费者保护体系

金融科技创新将大量消费者纳入服务半径,促进普惠金融发展,但是大多数金融消费者欠缺风险防范意识,因而消费者保护已经成为金融科技监管的短板。只要金融科技业务呈现表外化趋势,消费者保护就成为一个非常重要的环节,在金融科技产品设计和管理流程中必须包含消费者保护。为了增强金融消费者理性选择的能力,我国金融法的制度设计中引入了金融服务者的适当性原则、说明义务等一系列保障金融消费者权益的制度构造。除此以外,要推动监管科技发展,关注金融基础设施建设,推进业务办理电子化,监管者要做到实时了解信息,利用监管科技与金融科技搭建新的交流基础和对话平台,为反洗钱、反欺诈提供数据交流。同时,加强金融各细分行业的协同作用来保护金融消费者,建议消费者协会设立金融消费者保护工作委员会,切实强化金融消费者保护的职能。

第四节　金融科技国际合作

随着金融科技与银行业及实体经济的深度融合,必须更加重视金融业务风险与技术风险叠加后产生的放大效应,采取有效措施来管控好各种风险,平衡好创新发展与风险管控间的关系,通过构建多层次、全方位风险监管治理体系,加强更紧密的国际合作,确保银行业在金融科技创新发展过程中趋利避害、风险可控,促进银行业为服务实体经济、防控金融风险、深化改革开放发挥更大作用。为此,笔者提出以下几点建议。

一是借助国际组织平台,加强金融科技研究探索。近年来,金融科技的迅猛发展,迅速吸引了全球金融业及监管者的目光。金融稳定理事会、巴塞尔银行监管委员会等国际组织均成立了专门工作组,从不同角度研究金融科技的发展演进、风险变化、对金融体系的影响和监管应对等问题,探索如何相应完善监管规则,改进监管方式。我们应及时跟踪行业发展前沿进行学习,结合各国实际进行探索,试点先行,适时评估,常态化地对国际国内有关技术创新与产业金融方面的理论进行研究,结合金融科技实践进行创造性的理论建构,明晰金融科技的发展规律,形成对金融科技具有指导意义的理论体系和实践路径,从而全面理解金融科技给银行及监管带来的好作用及坏影响,更好地把握金融科技在银行业及实体经济的融合应用。

二是借鉴先进国际经验,强化监管体系创新。部分国家的监管机构已根据金融科技的特点,适度调整完善监管方式,积极采取措施,如推出创新中心(Innovation Hub)、创新加速器(Innovation Accelerator)和监管盒(Regulatory Sandbox)等,加强与创新金融机构互动,推动金融服务领域的技术和商业模式创新,发展监管科技、风控科技、安全科技等,有效应对金融科技风险监管难度增大的挑战。

从各国对金融科技的监管模式来看,各具特色。

　　美国的功能性监管与其国内金融市场规模大、金融与科技创新动力强的市场环境相适应；英国的监管沙盒服务于其追求建立金融科技国际金融中心的目标；新加坡的监管沙盒有利于克服国内金融市场较小、创新动力弱对金融科技发展的制约。另外，日本在支持金融科技发展方面，通过修改相关法律，放宽了金融机构持股科技企业股份的限制，允许银行持有5%以上的科技公司的股份，日本的银行从此可以与金融科技企业建立合作关系，以开发包括机器人投资咨询和区块链①在内的服务和技术。这一政策突破了金融科技发展的资金支持瓶颈，有力地推动了日本银行与金融科技公司的深度合作，有效地促进了金融科技的创新发展。

　　同时，以解决问题为导向，重塑有效的监管体系。针对金融科技可能造成风险复杂性增加、传染性加大的问题，继续完善监管框架，明确监管范围，使其能够满足在金融科技广泛应用的情况下，针对可能出现的重点风险问题及重大挑战，作出有效应对的监管安排和应急预案，包括宏观审慎评估与微观风险监管的结合，机构监管、功能监管与行为监管的结合，以规则为主监管，以风险为辅监管的结合，强化金融科技研发人才与监管专才培养的结合，等等。

　　三是保持开放共赢的心态，深化更紧密的国际合作。习近平总书记提出的"人类命运共同体"的理念，具有深远的历史意义和现实指导作用。开放包容、合作共赢是深化国际交流合作的基本原则，在金融科技应用上更是如此。金融科技在给金融业带来好处的同时，也造成了风险跨国界传染放大的可能性，这就需要深化更紧密的国际合作去分析态势、研判趋势、探究原因、寻求良策、共同应对，也更需要进行信息共享、联合研发、风险监测、人才培养、危机防控等方面的国际合作。在这些方面，包括亚洲金融合作协会在内的区域性国际组织，包括中国银行业协会在内的行业协会可以大有作为，发挥更大的作用，取得合作共赢的良好效果。亚洲金融合作协会东京峰会的成功举办就是一个很有说服力的例证。

---

①　区块链是分布式数据存储、点对点传输、共识机制、加密算法等计算机技术的新型应用模式。

【本章小结】

随着金融科技的高速发展,涌现出大量互联网金融公司,同时对经济游戏规则构成了挑战,带来一些不可预测的风险。我们应该权衡如何有效促进金融科技发展与加强监管规避风险之间的关系。宽松的监管环境在一定程度上支持了金融科技的增长,同时暴露了发展过程中的风险;而审慎监管能够抑制风险的发生,但是阻碍了其发展速度。在监管过程中,应充分考虑监管机构、中央和地方间的关系及金融机构本身的发展状况等诉求,然后针对性地制定出相关规范化文件。在监管过程中,我们可以构建多层次、全方位风险监管治理体系,加强国际合作,确保在金融科技创新发展过程中趋利避害、风险可控,促进金融科技服务实体经济。金融科技经过多年的发展取得了巨大进步,普遍受到了社会消费者、金融机构及金融监管部门等的认可和关注。金融科技改变了原来的金融模式,在给人们带来方便的同时也会存在潜在风险,为此我们需要继续探讨金融科技的未来发展及风险监管问题。

【专业术语解释】

C2B   金融生活(FinLife)   实体经济

【本章习题】

1.结合本章内容,思考从中央到地方具体应如何完善金融科技监管?

2.金融信息和商业信息之间的不当连接已引起监管层重视,如何建立客户隐私信息的保护?

3.金融科技的出现对经济游戏规则构成挑战,我们应如何防止对客户的垄断性定价?

【进一步阅读资料及相关链接】

1.2023—2027 年中国金融科技产业深度调研及投资前景预测报告。

2.瑞信银行(Credit Suisse)：2022 年全球支付、处理器与金融科技行业分析报告(英文版)。

3.2022 年金融科技、监管科技和合规性发展报告(英文版)。

4.中国金融科技生态白皮书(2021 年)。

参考文献

［1］ ZHONG G Q, WANG L N, LING X, et al. An overview on data representation learning: From traditional feature learning to recent deep learning［J］. The Journal of Finance and Data Science, 2016, 2(4): 265-278.

［2］ BUNGIN B, WONO H Y, SHWARI E J A. Communication Media Technology And Social Harmony Construction In The Era Of Society 5.0 A Critical View［J］. International Journal of Computer and Information System (IJCIS), 2021, 2(4): 125-130.

［3］ SIDDIQA A, KARIM A, GANI A. Big data storage technologies: a survey ［J］. Frontiers of Information Technology & Electronic Engineering, 2017, 18: 1040-1070.

［4］ SUN Z, STRANG K, LI R. Big data with ten big characteristics［C］// Proceedings of the 2nd International Conference on Big Data Research. 2018: 56-61.

［5］ WONG P C. Visual data mining ［J］. IEEE Computer Graphics and Applications, 1999, 19(5): 20-21.

［6］ HU H, WEN Y G, CHUA T S, et al. Toward scalable systems for big data analytics: A technology tutorial［J］. IEEE Access, 2014, 2: 652-687.

［7］ TYAGI A K, PRIYA R, RAJESWARI A. Mining big data to predicting future［J］. International Journal of Engineering Research and Applications，2015，5(3)：14-21.

［8］维克托·迈尔-舍恩伯格,肯尼思·库克耶,等.大数据时代:生活、工作与思维的大变革［M］.盛杨燕,周涛译.杭州:浙江人民出版社,2013.

［9］李秋花.大数据标准化白皮书 V2.0［J］.信息技术与标准化,2015(12):14.

［10］孟小峰,慈祥. 大数据管理:概念、技术与挑战［J］.计算机研究与发展,2013,50(1):146-169.

［11］克里斯·斯金纳.FinTech,金融科技时代的来临［M］.杨巍,张之材,黄亚丽译.北京:中信出版社,2016.

［12］李伦.人工智能与大数据伦理［M］.北京:科学出版社,2018.

［13］王前,等.中国科技伦理史纲［M］.北京:人民出版社,2006.

［14］徐忠,孙国峰,姚前.金融科技:发展趋势与监管［M］.北京:中国金融出版社,2017.

［15］孙国峰.金融科技时代的地方金融监管［M］.北京:中国金融出版社,2019.

［16］周逢民.走近金融科技 ［M］.北京:中国金融出版社,2019.

［17］张留禄.金融科技导论 ［M］.上海:上海财经大学出版社,2019.

［18］陈辉.监管科技:框架与实践［M］.北京:中国经济出版社,2019.

［19］孙国峰.监管科技研究与实践——中国支付清算协会监管科技研究组优秀课题成果集［M］.北京:中国金融出版社,2019.

［20］谢平,刘海二.金融科技与监管科技［M］.北京:中国金融出版社,2019.

［21］张晓燕,等.金融科技行业发展与监管 2018［M］.北京:经济科学出版社,2018.

［22］封北麟.中国互联网金融:发展、风险与监管［M］.北京:中国财政经济出

版社,2017.

[23] 卢祖送.金融危机和金融监管[M].北京:经济日报出版社,2017.

[24] 杜青雨.我国金融科技监管体系构建策略研究[J].技术经济与管理研究,2020(1):84-88.

[25] 吴学安."监管沙箱"创新促金融科技更好发展[N].中国商报,2020-01-16(P02).

[26] 袁康.社会监管理念下金融科技算法黑箱的制度因应[J].华中科技大学学报(社会科学版),2020(1):102-110.

[27] 陈彦达,王玉凤,张强.我国金融科技监管挑战及应对[J].金融理论与实践,2020(1):49-56.

[28] 人民银行启动金融科技创新监管试点工作[J].中国信用卡,2020(1):87.

[29] 闫建文.金融科技监管的国际经验借鉴[J].现代商业,2019(36):89-90.

[30] 曹洪玮,李晶.全球金融科技监管的现状与未来走向[J].现代营销(下旬刊),2019(12):213-214.

[31] 王超.金融科技对商业银行资产管理业务的影响[J].华北金融,2019(12):51-57.

[32] 叶武君.依托监管科技:提升金融监管效能[N].金融时报,2019-12-17(11).

[33] 薄纯敏.金融科技:改变监管新范式[J].金融博览(财富),2019(12):22-23.

[34] 李东荣.准确把握全球金融科技发展新趋势[J].中国金融家,2019(12):60-61.

[35] 许闲,丁健行.监管科技:金融科技的监管端运用与作用[J].中国保险,2019(12):23-26.

[36] 何冬昕.金融科技监管需平衡金融创新与金融风险[J].中国经济周刊,2019(23):103-104.

[37] 张钊.浅谈监管科技在支付结算领域的应用[J].时代金融,2019(33):22-23.

[38] 蒋莉薇.监管科技与金融科技相辅相成[N].中华工商时报,2019-11-28(003).

[39] 卜亚,李晖.演化博弈视角下金融科技创新监管问题研究[J].内蒙古社会科学(汉文版),2019,40(6):116-122

[40] 孙飞.完善我国金融科技公司监管框架的政策建议[J].发展研究,2019(11):66-70.

[41] 魏鹏飞.我国金融科技发展与监管研究[J].北方金融,2019(11):8-12.

[42] 林建军,熊丙万.监管科技在地方金融监管的应用路径初探[J].中国银行业,2019(11):90-91.

[43] 陈雪,傅晓骏.金融科技信贷的发展与监管——基于美国住房抵押贷款市场的分析[J].金融会计,2019(11):59-64.

[44] 肖娟,潘辉.地方金融监管:探本·问诊·治策[J].西部论坛,2019,29(6):35-43.

[45] 吴烨.金融科技监管范式:一个合作主义新视角[J].社会科学,2019(11):109-115.

[46] 卜亚.金融科技新生态构建研究[J].西南金融,2019(11):51-59.

[47] 丁昌选.新加坡金融科技监管沙箱制度研究[J].现代商贸工业,2019,40(33):152-154.

[48] 邹传伟.金融科技的基础设施[J].中国金融,2019(20):67-69.

[49] 张晨阳,孙柏峰,胡大伟.金融科技发展及监管的国际经验借鉴[J].北方金融,2019(10):61-66.

［50］许闲,王广智.合规与监管科技的投融资分析［J］.中国保险,2019(10):23-26.

［51］毛伟杰,袁裕辉,胡鹏星,等.中美金融科技监管对比分析［J］.金融科技时代,2019(10):17-21.

［52］刘妍.金融科技监管困境与对策［J］.中国金融,2019(18):77-78.

［53］田晓宏.全球金融科技监管创新模式及其借鉴作用［J］.中国金融家,2019(9):124-125,206.